Plan de financement
de l'économie camerounaise

Emergences Africaines
Dirigée par Magloire KEDE ONANA

La collection « ÉMERGENCES AFRICAINES » se propose de renverser des certitudes faciles. Nous sommes convaincus que l'Afrique, longtemps considérée comme en retrait, s'ouvre au monde, et est plus que jamais au cœur des enjeux. Son Histoire ne doit plus s'écrire ailleurs, par des continents eux-mêmes en crise de modèles à proposer/imposer.

Une nouvelle génération très entreprenante d'Africains et d'Africanistes existe aujourd'hui, qui problématise et réécrit l'Histoire du continent dans toutes ses facettes, et par une approche multidisciplinaire. Il s'agit de dévoiler une Afrique des « Bonnes Nouvelles » : celle qui, parce que plus ouverte au monde, présente tous ses atouts d'émergence.

Dernière arrivée dans la compétition mondiale, l'Afrique est capable d'apporter un élan différent à la mondialisation grâce à son devenir, qui est subordonné à son être.

Déjà parus

Léopold EBODE AWONA, *La vraie nature de la raison*, 2018.
Etienne YAO BROU, *La pauvreté, un instrument de pouvoir pour les dirigeants politiques africains*, 2018.
Souley MANE, *Mosquées et société au Cameroun*, 2018.
Sariette BATIBONAK. *Le discours anti-sorcellerie dans les pentecôtismes camerounais*, 2017.
Christophe SIGNIÉ, *La renaissance de la Chefferie Milombè du Nord Makombé dans le littoral camerounais (XIXe s.-2015), Une contribution historique à la connaissance des peuples du Cameroun*, 2017.
Raymond MBEDE, *Trajectoires des femmes au Cameroun*, 2017.
Souley MANE (dir.), *L'islam en pays bamum. De Ibrahim Njoya à Ibrahim Mbombo Njoya (1895-2016)*, 2017.
Victor-Joseph BELLA, *Paul Biya, Aminata Ahidjo et le RDPC*, 2017.

Joseph Désiré OKALA EDOA

Plan de financement de l'économie camerounaise

Ambition ou révolution

© L'Harmattan, 2018
5-7, rue de l'Ecole-Polytechnique, 75005 Paris

www.editions-harmattan.fr

ISBN : 978-2-343-14944-8
EAN : 9782343149448

« Le Cameroun, Afrique en miniature intéressait Nyametong. Ah ! L'Afrique ! Afrique, berceau de l'Humanité ! Afrique aux ressources naturelles nombreuses et variées ! Afrique dont les fils constituent une ressource humaine compétente et prisée dans le monde entier. L'Afrique dont l'émergence n'est pas encore effective à cause des pesanteurs propres à l'Afrique mais aussi imputables à d'autres continents. »
(Ndjere, 2014, p.73)

Sommaire

Remerciements 11
Liste des sigles et abreviations 13
Avant – propos 17
Introduction générale 27

Chapitre I
Le Cameroun et son économie : historicité et développement 31

Chapitre II
Économie du savoir, arbitrage financier et modes de financement des entreprises 51

Chapitre III
Les obstacles au développement de l'économie du savoir et structuration du système financier camerounais 77

Chapitre IV
Analyse et évaluation
du système financier camerounais 99

Chapitre V
Perspectives et recommandations pour un fonds stratégique de financement des entreprises camerounaises 123

Chapitre VI
Comment rendre les établissements publics plus performants dans un contexte de rareté des fonds et de facilité élargie de crédit avec le FMI ? 141

Conclusion générale 159
Bibliographie 165

Remerciements

Au Créateur, le Dieu Tout Puissant qui ne cesse de nous inspirer, de nous protéger et de nous soutenir dans la quête permanente d'un monde meilleur.

A ma famille, amis et connaissances, pour les prières, le réconfort et les assistances diverses pendant les moments de tumulte et d'instabilité.

A Monsieur Emmanuel NDJERE, qui nous a convaincu non seulement de revenir nous mettre au service de notre pays, mais aussi transmis la passion de l'écriture.

A toi qui ne cesse de marquer positivement notre vie...

Liste des sigles et abreviations

A4A : Alliance For Affordable
ADC : Aéroports du Cameroun
AIF : Agence Internationale de Financement
AIMR : Association for Investment Management and Research
APE : Accords de Partenariat Economique
BEAC : Banque des États de l'Afrique Centrale
BVMAC : Bourse Régionale des Valeurs Mobilières de l'Afrique Centrale
CAMTEL : Cameroon Telecommunications
CAMWATER : Cameroon Waters
CEMAC : Communauté Economique et Monétaire de l'Afrique Centrale
CFA : Colonies Françaises d'Afrique avant de devenir Communauté Financière Africaine (en Afrique de l'Ouest) et Coopération Financière pour l'Afrique Centrale
COBAC : Commission Bancaire de l'Afrique Centrale
CRTV : Cameroon Radio and Television
DSCE : Document de Stratégie pour la Croissance et l'Emploi
DSX : Douala Stock Exchange
EUR : Euro
EXIMBANK : Banque d'import-export
FEICOM : Fonds Spécial d'Equipement et d'Intervention Intercommunale
FNSI : Fonds Non Souverain Stratégique d'Investissement
GARP : Global Association of Risk Professionals
GDP : Gross Domestic Product

GRH : Gestion des ressources Humaines
IAFE : International Association of Financial Engineers
IFAC : International Federation of Accountants
KEI : Knowledge Economy Index
LBO : Leverage Buy-Out
MINEPAT : Ministère de l'Economie et de la Planification et de l'Aménagement du Territoire
MINTP : Ministère des Travaux Publics
MPR : Material Requirement Planning
NFOT : Nouvelles Formes d'Organisation du Travail
NSE : Nairobi Securities Exchange
NSE : Nigerian Stock Exchange
NTIC : Nouvelles Technologies de l'Information et de la Communication
OCDE : Organisation de Coopération et de Développement Economique
OAPI : Organisation Africaine de la propriété Intellectuelle
OTC : Over-the-counter
PAS : Programmes d'ajustement structurels
PDP : Plan Directeur de Production
PIB : Produit Intérieur Brut
PIC : Plan Industriel et Commercial
PME : Petites et Moyennes Entreprises
PMI : Petites et Moyennes Industries
PTIC : Parité des taux d'intérêt couverte
PTINC : Parité des taux d'intérêt non couverte
R&D : Recherche et Développement
RFI : Radio France Internationale
RH : Ressources Humaines
RWG : Risk Waters Group
SCDP : Société Camerounaise de Dépôts Pétroliers
SONARA : Société Nationale de Raffinage
SWOT : Strengh, Weaknesses, Opportunities, Threats

TIC : Technologies de l'Information et de la Communication
U.E : Union Européenne
UEMOA : Union Monétaire Ouest Africaine
UNESCO : United Nations Educational, Scientific and Cultural Organization
UNICEF : United Nations International Children's Fund
USD : United States Dollars

Avant – propos

Le plan de financement de l'économie camerounaise proposé est un ensemble de voies et moyens qui pourraient permettre au lecteur de comprendre la mécanique de financement des États en Afrique, des entreprises publiques et privées, des personnes morales et physiques, ou encore des acteurs des secteurs formel et informel de la vie économique du Cameroun. La mécanique de financement dont il s'agit s'entend non seulement des circuits classiques, mais également et surtout des procédés et systèmes innovants et dynamiques proposés par l'auteur. Tout demandeur de financement au Cameroun, en particulier, et en Afrique, en général, pourrait en bénéficier.

Le présent plan de financement de l'économie camerounaise s'adresse en particulier aux ministères des finances et de l'économie en Afrique, à tous les établissements publics et parapublics dont les systèmes organisationnels, de gestion et les objectifs de performance s'apparentent de plus en plus à ceux des entreprises privées. Le contexte étant celui de la rareté des financements bon-marché, l'autonomie financière reconnue à ces entreprises à capitaux publics et parapublics leur exige de se lancer dans la recherche de ressources financières autres que des subventions de l'État.

Pour les particuliers et les entreprises du secteur privé, le plan de financement suggéré offre une armada d'outils techniques et de préalables sur le plan du management stratégique. Ces préalables doivent nécessairement être mis en œuvre par l'entrepreneur afin de financer de façon efficace et efficiente un investissement rentable. Ce plan est une orientation pratique qui permet de savoir où aller et comment réussir à convaincre un bailleur de fonds. Il est aussi un guide permettant à l'entrepreneur ou au chef d'entreprise, qu'elle soit à capitaux publics ou privés, de mettre sur pied un plan de management stratégique de son organisation.

En ce qui concerne les étudiants, chercheurs et universitaires, les chapitres 2 (économie du savoir, arbitrage financier et modes de financement des entreprises) et 3 (les obstacles au développement de l'économie du savoir et structuration du système financier camerounais) de l'ouvrage sont un développement d'un cours magistral sur *"Le financement des entreprises publiques et privées"*. Le chapitre 6 (comment rendre les établissements publics plus performants dans un contexte de rareté des fonds et de facilité élargie de crédit avec le FMI ?) est quant à lui un développement d'un cours sur *"Le management stratégique des entreprises à capitaux publics"*. Ce dernier cours serait une opérationnalisation de la loi N° 2017/010 du 12 juillet 2017 portant statut général des établissements publics au Cameroun.

L'homme politique trouve aussi son compte dans ce plan de financement de l'économie camerounaise dans la mesure où l'ouvrage est un projet politique sur les plans financier et économique. En effet, L'ouvrage-projet proposé est surtout un plan de financement endogène de l'économie camerounaise. Le contexte économique et politique international actuel encourage des politiques économiques protectionnistes et ultra-conquérantes des nations occidentales et orientales sur l'Afrique en général et le Cameroun en particulier. Il est ainsi de bon ton que les pays africains conçoivent de plus en plus des systèmes et sous-systèmes de développement endogènes et inclusifs. Cet engagement pourrait contrecarrer toute velléité exogène qui menacerait la souveraineté financière et économique de l'État. L'approche ainsi prise nous permettra de créer l'effet de surprise et d'innover dans un contexte où la géoéconomique semble de plus en plus prendre le pas sur la géopolitique pure, grâce à l'intelligence économique, au *soft power* et au *business oriented diplomacy*.

Pour les institutions financières internationales de développement, notamment la Banque Africaine de Développement, la Banque Mondiale et le Fonds Monétaire International, le Plan de financement de l'économie camerounaise apparaît comme une alternative et une stratégie réelle pour l'amélioration du système éducatif. C'est également un nouveau paradigme pour le développement de l'industrialisation en Afrique en général et au Cameroun en particulier. Il s'agit d'une approche de développement et de recherche d'indépendance monétaire et financière réelle qui consacre le principe de l'intelligence contextuelle.

En tout état de cause, c'est au lecteur d'apprécier *in fine* le caractère ambitieux ou révolutionnaire du plan de financement proposé.

A l'origine, le **« *Plan de financement de l'économie camerounaise : ambition ou révolution ?* »** s'est voulu une stigmatisation et une cure des manquements et dysfonctionnements du système de financement de l'économie camerounaise. Par la suite, il s'est agi d'une volonté de contribuer à asseoir une véritable indépendance, au sens souverain du terme, des politiques monétaires et budgétaires du gouvernement, grâce au développement d'un système de financement inclusif et endogène, bien que le contexte soit celui de la mondialisation des économies. Ainsi, l'ouvrage s'inscrit dans le cadre d'un plan de développement de l'économie camerounaise à l'ère de l'économie du savoir, et des techniques d'arbitrage observées au sein des marchés financiers internationaux. Proposer un plan de financement inclusif et endogène de l'économie camerounaise exige une visite au moins furtive des origines du Cameroun, et l'évolution de ses systèmes politiques et socio-économiques, afin de mieux établir un modèle d'activation de la croissance à deux points tant recherchée.

Le Cameroun dans sa formation territoriale, politique et socio-économique a connu plusieurs changements qui peuvent être différenciés selon que le pays était sous protectorat allemand, sous mandat français et anglais, et enfin, devenu indépendant le 1er janvier 1960. Nous avons voulu que le lecteur de cet ouvrage puisse revisiter les conditions de la naissance du Territoire ou de l'État Cameroun, et voir comment les institutions politiques et socio-économiques ont commencé à s'y développer. L'ouvrage est donc un sujet-projet, mieux encore une proposition technique de modèle ou système de financement macro-économique de l'État, avec les sous-systèmes que sont la politique monétaire sous régionale d'une part, et la politique budgétaire nationale d'autre part.

Au demeurant, le sujet-projet du présent ouvrage a été choisi non seulement sur la base des difficultés que rencontre le Cameroun dans la recherche des financements bon-marché, nécessaires au développement des infrastructures de production des biens et services, mais ensuite sur la base de l'observation de la croissance exponentielle des opérations sur les marchés financiers et plus précisément sur les marchés des changes à l'international.

En effet, à l'observation des chiffres contenus dans les différentes lois de règlement des années 2010 à 2016, 95% des financements des investissements des entreprises et entités publiques camerounaises proviennent des sources extérieures.

Par ailleurs, selon une étude du cabinet McKinsey publiée en 2011, les opérations sur le marché des changes (des devises et des actifs financiers) ont été multipliées par plus de 40 entre 1980 et 1990, allant de 12.000 milliards de $ (109% du PIB mondial) à 54.000 milliards de $ (260% du PIB), avant d'atteindre 212.000 milliards en 2010 (soit 356% du PIB) malgré la crise financière de 2007.

Ce qui fait problème est le fait qu'aucune structure camerounaise, qu'elle soit privée ou publique, n'arrive véritablement pas à aller réaliser des opérations rentables, ni à se financer directement au sein des marchés financiers en général et du marché des taux de change en particulier. Cependant, il est évident que ce type direct de financement pourrait assurer une meilleure souveraineté financière des entreprises à capitaux majoritairement camerounais (voire de l'État dans sa globalité) et de meilleurs coûts liés à la mobilisation des financements.

En nous appuyant sur des ouvrages, débats et entretiens avec des experts du domaine de l'économie, de la finance, de la politique et de la mondialisation, nous avons essayé de déterminer les causes de ce qui fait problème en nous appropriant les concepts d'économie du savoir, d'intelligence économique et d'arbitrage au sein des marchés financiers.

Nous avons procédé ensuite à une analyse du système financier camerounais en essayant d'une part, de ressortir les aspects qui peuvent permettre de dire si oui ou non les concepts ci-dessus sont dans la réalité enracinés dans notre système éducatif et financier ; d'autre part analyser les forces, faiblesses, opportunités et menaces de notre système financier.

Nos recherches ont abouti à des réponses aux différents questionnements ou à la problématique majeure. Les plus pertinentes de ces réponses sont les suivantes :

- **Réponse 1** : Restructurer notre système éducatif en nous assurant qu'au moins 70% de nos élèves et étudiants suivent des formations scientifiques et techniques ;
- **Réponse 2** : Allouer au moins 3% des ressources budgétaires dans le financement des activités de recherche et développement, afin de promouvoir davantage l'ancrage de l'économie du savoir dans notre système général de fonctionnement et l'utilisation du soft power, du numérique et de l'intelligence économique comme outils par excellence du positionnement économique sous régional et international ;
- **Réponse 3** : Développer une diplomatie basée davantage sur le soft power et d'essence « *business oriented* » dans la mesure où, de nos jours en effet, la géo-économie semble véritablement avoir pris le dessus sur la géopolitique dans les relations internationales ;
- **Réponse 4** : Créer ou repenser l'existence d'un Fonds National Stratégique d'Investissement (FNSI) qui puisse développer une stratégie agressive de financement des secteurs prioritairement rentables (en prenant des participations et des actions au sein des entreprises à capitaux publics et privés prometteuses). Les entreprises du portefeuille du FNSI devront mettre sur le marché des biens et services innovants et marchands « *made in Cameroon* », mais également aller faire la compétition au sein des marchés financiers internationaux pour profiter des opportunités d'arbitrage et générer des sources de financements additionnels pour l'économie camerounaise.

L'économie du savoir a pour quasi-synonymes l'économie de la connaissance, l'économie de l'immatériel ou encore le capital cognitif. Ces expressions désignent une nouvelle ère de l'histoire économique dans laquelle le monde est entré après la chute du mur de Berlin. Il s'agit de l'ère du numérique et de l'intelligence économique.

Nous définissons l'intelligence économique comme la science de la recherche, collecte et gestion efficiente de l'information stratégique aux fins de positionnement et de rentabilité économique. Elle s'entend de toutes activités formelles et informelles utilisées par un État, un groupe d'États, une entreprise ou un individu, et ayant pour objectif de veiller sur les concurrents (cas de la veille technologique ou diplomatique), d'acquérir des informations à caractère stratégique, de protéger ces informations, de les traiter, de créer des procédés et processus innovants afin d'être compétitif sur le plan international. Les acteurs du système d'intelligence économique d'un État ou d'une entreprise seront ainsi recrutés parmi les experts et spécialistes dans des domaines variés (services de renseignement, forces armées ou de défense, policiers, ingénieurs, diplomates, universitaires, chercheurs, étudiants, sportifs, artistes, politiciens, etc.). À ce niveau-là, le système d'intelligence économique reposera sur les jeux d'influence, la ruse et les rapports de force entre les entités concernées. Les systèmes financiers modernes caractérisés par une éclosion vertigineuse des marchés des changes (212.000 milliards de dollars américains en 2010 soit 356% du PIB mondial) s'abreuvent dès lors à la source des procédés d'intelligence économique et des techniques de recherche-développement.

Le Cameroun semble être en reste après analyse. En effet, un déficit criard de l'économie du savoir ainsi qu'une absence d'un véritable système d'intelligence économique et de recherche-développement font du pays un importateur attitré de devises pour le financement de la politique des grandes réalisations de Son Excellence Paul BIYA, Président de la République, pour un Cameroun émergent « à l'horizon 2035 ». Des entraves sérieuses telles que l'enclavement des zones rurales, le faible indice d'accès numérique, des préjugés tels que le mythe de la suprématie occidentale ou le complexe d'infériorité de l'Africain, des programmes d'enseignement inadaptés, et la très faible allocation des budgets pour la recherche-développement, constituent des causes structurelles et conjoncturelles du sous-développement de l'économie du savoir au Cameroun. Par ailleurs, les effets néfastes du franc CFA, le très faible niveau d'activités de la bourse des valeurs et du marché financier de l'Afrique Centrale, et la faible bancarisation de l'économie font de l'environnement économique et financier camerounais une menace certaine pour le développement de l'industrie locale du fait de l'extrême rareté des financements bon marché.

À l'observation, même des prêts dits non-souverains octroyés par certaines agences « d'aide au développement » s'avèrent être des engagements financiers à des coûts supérieurs aux prix du marché et stratégiquement dangereux pour la souveraineté de l'État.

Pour que la souveraineté de l'État soit donc davantage sauvegardée, un Fonds Stratégique d'Investissement est proposé. En comptant sur la renaissance d'une pensée stratégique africaine, sur les bienfaits de la mondialisation, et sur l'accroissement exponentiel des opérations sur les marchés de taux de change, il s'agit pour nous de concevoir et de mettre en pratique un système de « management stratégique offensif » qui puisse permettre à la nation camerounaise de mieux juguler les effets pervers du franc CFA et les désavantages des conventions monétaires et financières bilatérales. Il s'agit pour le Fonds d'Investissement que nous proposons, de se lancer dans le domaine des marchés de taux de change en se focalisant sur les opérations d'arbitrage en lieu et place de la pure spéculation financière qui est une opération essentiellement aléatoire, ne respectant pas l'éthique pour certains analystes.

Les opérations d'arbitrage seront réalisées par des initiés des marchés financiers, experts de notre Fonds d'Investissement, dont le travail principal sera de rechercher l'information stratégique sûre et fraîche sur ce qui se passe à travers le monde entier et qui a une influence directe ou indirecte sur les cours des actifs financiers, des matières premières, et sur les cours des devises. Une excellente maîtrise des progiciels et logiciels de traitement ultra-rapides de données sera nécessaire. Le Cameroun dispose à suffisance de ce type d'expertise si nous nous en tenons par exemple aux performances de certains de nos compatriotes dans ces domaines. C'est le cas d'Arthur Zang avec son invention appelée le Cardiopad et William Elong, promoteur d'une start-up spécialisée dans l'intelligence économique et l'innovation technologique, inventeur du premier drone civil camerounais.

S'il est vrai que la politique monétaire de la Banque des États de l'Afrique Centrale (BEAC) ne permet pas au Cameroun de disposer suffisamment de marge de manœuvre (du fait d'un certain droit de véto exogène) pour certaines initiatives qui pourraient être salutaires à notre économie, il n'en demeure pas moins vrai que la politique budgétaire reste aussi en majorité tributaire des consignes des institutions de Bretton Woods. Les activités du Fonds d'Investissement seront ainsi une bouée de sauvetage et un moyen légal, légitime et souverain d'optimiser nos politiques monétaire et budgétaire, sans remise en cause illégale des conventions bilatérales et multilatérales signées avec nos partenaires traditionnels.

Bien que nous entrevoyions déjà les prémices d'une réussite assurée, quelle que soit l'issue de notre sujet-projet, un échec ne serait qu'une semence heureuse pour une tentative future meilleure. En effet, comme le dit un proverbe Bantou, « la plus petite récompense dans l'échec, c'est le courage d'avoir essayé. La plus grande récompense dans la réussite, c'est le pouvoir d'améliorer des vies.»

L'auteur,
Joseph Désiré OKALA EDOA
MBA en Management Stratégique
Doctorant en Business Administration
Enseignant-Chercheur en Management Stratégique, Ingénierie Financière, Intelligence Économique et Géostratégie des Organisations.

Introduction générale

Le phénomène de la mondialisation et celui de la finance internationale semblent avoir plongé les États contemporains dans l'ère de l'économie du savoir ou de l'immatériel. Ce nouveau paradigme de l'économie mondiale est caractérisé par l'importance de l'innovation technologique, qui, elle-même, est soutenue par l'augmentation des dépenses en Recherche et Développement (R&D) des budgets publics et privés des nations émergentes et développées. L'Union Européenne par exemple a décidé en juin 2010 de consacrer au moins 3% de son Produit Intérieur Brut (PIB) aux dépenses de R&D dans le cadre de la Stratégie Europe 2020. Pendant ce temps, l'Afrique entière alloue 0,3% de son PIB dans la R&D tandis que le Cameroun enregistre moins de 0,4% de son PIB au titre des mêmes dépenses. En tout état de cause, la R&D apparaît comme le levier incontournable par lequel les États qui se veulent émergents et développés assurent la mise sur les marchés des produits innovants et à la pointe. Cela leur permet de garder la balance commerciale excédentaire, gage de capacité d'autofinancement et de rapports de force favorables dans les relations bilatérales et multilatérales entre États et entre devises. Par ailleurs, selon une étude du cabinet McKinsey[1] publiée en 2011, les opérations sur le marché des changes (des devises et des actifs financiers) ont été multipliées par plus de 40 entre 1980 (12.000 milliards de $, 109% du PIB mondial) et 1990 (54.000 milliards de $, 260% du PIB) avant d'atteindre

---

[1] « Mapping Global Finance Market »; McKinsey Institute, août 2011.

212.000 milliards en 2010 (356% du PIB) malgré la crise financière de 2007. Cette embellie des marchés des changes se justifie en grande partie par la pratique des opérations d'arbitrage en lieu et place de la pure spéculation financière.

Analyse faite des endettements contractés par l'État entre 2010 et 2015, plus de 95% des fonds que le Cameroun emprunte à l'extérieur proviennent des avoirs souverains d'autres États qui eux-mêmes s'approvisionnent, pour la plupart, auprès des marchés financiers. Cette situation traduit d'une part, la dépendance financière du Cameroun : c'est la problématique des rapports de force défavorables pour le Cameroun dans les négociations des financements des projets. Nous notons aussi d'autre part, l'apparente sous-capacité technique, faible ingénierie, ou insuffisance de savoir-faire dans les opérations des marchés des changes à l'international : c'est la problématique du déficit que connaît le Cameroun en matière d'économie du savoir dans le domaine des marchés financiers internationaux en général, et des marchés des changes en particulier. Cette problématique justifie le fait qu'il n'existe au Cameroun aucune entreprise nationale à capitaux publics ni privés capable d'investir efficacement dans les marchés financiers internationaux afin de générer directement des fonds propres ou, tout au moins, de lever des fonds à des taux plus compétitifs que ceux offerts par les multiples « agences de développement » et les banques internationales d'import-export *(Eximbank)*.

Au demeurant, qu'est-ce que l'économie du savoir et comment s'effectue une opération d'arbitrage dans un marché de taux de change ? Existent-ils des modes conventionnels de financement des entreprises ? En admettant que le Système Financier est basé sur les politiques budgétaire et monétaire de l'État camerounais, la structuration ou les postulats de ce système financier seraient-ils les seuls obstacles au développement de l'économie du savoir au Cameroun ? Qu'est ce qui serait la cause de la frilosité, de la léthargie, voire de la torpeur de certains de nos géo-stratèges, économistes, banquiers et ingénieurs financiers dans la prise d'initiatives pour lever des fonds auprès des marchés des changes ? Pourquoi nos entreprises ne parviennent-elles pas à aller « arracher » directement des fonds ou à générer des flux financiers au sein des batailles ouvertes et conventionnelles des marchés financiers internationaux ? À l'ère de l'économie du savoir et de la spéculation financière, comment le système financier camerounais pourrait-il conduire le Cameroun au statut de pays producteur attitré des biens et services innovants, industriels marchands ? Voilà les questions auxquelles nous essayerons d'apporter des réponses grâce aux six chapitres que contient le présent ouvrage.

Dans les deux premiers chapitres, nous revisiterons l'historicité socio-culturelle et économique du Cameroun et poserons les bases théoriques pour la compréhension des notions d'économie du savoir, d'arbitrage financier et de modes de financement des entreprises. Nous étayerons dans le troisième, non seulement les causes systémiques, structurelles et conjoncturelles du sous-développement de l'économie du savoir au Cameroun, mais aussi la structuration de son système financier. Dans le quatrième chapitre, une analyse du système financier camerounais nous permettra d'examiner ses forces, faiblesses, menaces et opportunités éventuelles. Le cas pratique de l'analyse d'un financement obtenu par les Aéroports du Cameroun (ADC), entreprise à capitaux publics, auprès d'un partenaire traditionnel de l'État, nous aidera à sortir notre étude du cadre théorique et spéculatif et de voir les risques, désavantages et menaces réels de ce type de financement. Les conclusions du cas pratique du financement des ADC nous aideront, dans le cinquième chapitre, à mieux penser la faisabilité d'un projet de création d'un fonds non-souverain stratégique d'investissement à capitaux publics, parapublics, privés, ou mixtes, dont la mission sera de contribuer à la sauvegarde de la souveraineté monétaire et budgétaire du pays, et de saisir les opportunités de lever de fonds directement auprès des marchés des changes à l'international. Le sixième et dernier chapitre est quant à lui une réponse directe et pratique à l'interpellation du Président Paul BIYA, qui en promulguant la loi numéro 2017/010 du 12 juillet 2017 a voulu donner un cadre d'orientation plus moderne sur lequel les établissements publics doivent s'appuyer pour être plus performants et plus financièrement autonomes.

À l'aide d'outils du management stratégique tels que le leadership et le développement personnel, les enjeux économiques de la mondialisation, la géostratégie, l'intelligence économique, la systémique et l'analyse transactionnelle, la maîtrise des opérations des marchés des changes, la conduite et le pilotage du changement, nous traiterons notre sujet-projet par l'exploitation des données collectées des entretiens avec des experts, universitaires et praticiens de l'économie, du management et de la finance, ainsi que par le biais des recherches documentaires, études comparatives, et des rapports statistiques.

Chapitre I

Le Cameroun et son économie : historicité et développement

> « *Il serait assez difficile de situer avec précision le point de départ de la vie économique dans notre pays ; une chose apparaît cependant certaine, c'est qu'elle est aussi vieille que les peuplades qui vinrent par vagues successives, occuper le territoire qui porte aujourd'hui le nom de Cameroun.* » (Etoga Eily, 1971, p. 27)

Le Cameroun est un pays qui s'étend sur plus de 475.440 km2. Sa population est estimée à au moins 20 millions d'habitants en 2017 avec plus de 250 ethnies et environ 200 langues locales. Les langues officielles sont le Français (70%) et l'Anglais (30%). La monnaie utilisée est le Franc CFA (Franc des Colonies Françaises d'Afrique avant de devenir Franc de la Coopération Financière en Afrique Centrale)[2].

Dans la mesure où il est difficile de dissocier le politique de l'économie dans une quête de compréhension du fonctionnement d'un État, nous avons tenu à revisiter l'historicité de la situation socio-politique de l'économie camerounaise afin d'apprécier ses premiers pans, ses

---

[2] Le CFA est appelé Franc de la Communauté Financière en Afrique par la Banque Centrale des États de l'Afrique de l'Ouest.

piliers ainsi que ses évolutions avant et après la naissance du *Deutsch Kamerun* jusqu'à nos jours. Pour atteindre la finalité de notre démarche, nous avons distingué trois principales époques ou périodes nous permettant de mieux suivre cette historicité : l'époque précoloniale, l'époque coloniale, et l'époque après proclamation de l'indépendance le 1er janvier 1960.

I.1. Structuration des organisations politiques et socio-économiques du Cameroun à l'époque précoloniale

Des organisations politiques et socio-économiques sont une réalité au Cameroun avant même l'arrivée des Allemands en 1884. Il existait des institutions politiques et sociales au Nord, à l'Ouest et dans les zones forestières.

I.1.1. Les institutions politiques et socio-économiques du Nord et de l'Ouest

À l'époque précoloniale, un système de gouvernement centralisé gérait les affaires de la cité. Au Nord, le gouvernement central est appelé « Lamidat » tandis qu'on le désigne par « chefferie et royaume » à l'Ouest. Bien des royaumes se sont ainsi constitués à partir du XIVe siècle à l'instar du royaume Mandara. Sur le plan politique et économique, le chef décidait des opportunités de guerre, percevait l'impôt, signait les traités commerciaux et commandait l'armée. Les transactions économiques étaient essentiellement basées sur le troc ou alors le commerce humain sous la forme d'esclavage.

Avec l'arrivée de Usman dan Fodio (de la tribu des Peuls essentiellement pasteurs de la religion musulmane) et sa guerre sainte contre les Haoussas, Adama (qui plus tard donna le nom Adamaoua à la Région) devint Emir, ce qui signifie Chef militaire, Politique et Religieux des croyants. L'organisation politique du Lamidat comprenait entre autres, un premier ministre (le Gaddina), un ministre des armées (le Sarki Zaki), un ministre des travaux publics (le Kaigama), un ministre du culte chargé de la mosquée (l'Imam), un ministre de la justice (le Wajiri), et un ministre des troupeaux (le Sarki Samou). Au titre de ses ressources financières, le Lamido percevait principalement deux types d'impôt : l'aumône prescrite par le Coran (le Zakkat) et la taxe de pâturage.

Des organisations similaires sont fonctionnelles dans les Grassfields de l'Ouest avec les Bamilékés, les Bamoun et les Bamenda. Elles sont gérées par les Fon (Mfon chez les Bamoun et Fô chez les Bamilékés) ayant le titre le plus élévé, les Fonte qui administraient des groupes d'individus, et enfin les conseillers et *Tchinda*. Plusieurs sociétés opéraient ainsi dans les Grassfields : les sociétés politico-administratives et les sociétés magico-religieuses. Leur rôle principal était d'assurer la sécurité des individus et leur promotion grâce à des pratiques guerrières, magiques et religieuses.

I.1.2. Les institutions politiques et socio-économiques de la zone forestière

Dans les régions forestières du Centre, de l'Est, du Sud et du Littoral, les Ekang (Beti, Bulu et Fang), les Bafia, les Baya, les Maka, les Pygmées, les Bassa et les Sawa n'avaient pas de roi intronisé. L'organisation du pouvoir était donc un système décentralisé car les peuples étaient organisés en clans dans un système de pouvoir diffus et égalitaire où les aînés assuraient l'administration des affaires communes en toute démocratie au niveau des clans avec voix prépondérante du père de famille.

D'après la culture orale et pour illustration, les Ekang se distinguent plus par des liens de parenté très forts ainsi que l'existence des prééminences. Ils sont constitués des Beti, des Bulu et des Fang. L'ancêtre fondateur (Mvamba) appartient à une tribu (Ayon), un clan (Mvog) ou une famille (Nda bot). Il était un être vénéré même après sa mort. Son pouvoir était transmis aux aînés (Mintol ou Ntol au singulier) de façon successorale et cela leur conférait un pouvoir traditionnel gérontocratique sur le « Nda bot » ou le « Mvog ». En cas de crise ou de négociation avec d'autres entités ou groupes allogènes, la tribu ou le clan investissait mystiquement et officiellement un stratège dont la mission était de conduire la gestion de la crise ou de la négociation. Après cette mission, le « Ntol » se déchargeait de la mission et retournait à ses occupations normales.

Chez les Bassa, le Mbombog était le garant du pouvoir traditionnel. Il recevait ce pouvoir de sa lignée ancestrale, était entouré de notables et administrait la société secrète d'une part et les conseils d'autre part. Le mbombog devait être un homme ayant subi l'initiation, connaissant son histoire, sa généalogie ainsi que les secrets de la médecine traditionnelle. Il devait être père d'une multiple famille et aux qualités morales irréprochables.

Sur la côte, et toujours d'après la culture orale, l'arrivée des Douala avait poussé les Bassa à un retranchement à l'intérieur du Pays. Leurs multiples commerces avec les Européens conférèrent aux chefs de village des richesses immenses et ceux-ci prirent les titres de rois. Quatre principautés administraient le territoire : Bonanjo (Bell), Bonabela (Deido), Bonaku (Akwa) et Bonabéri. Chaque roi administrait son pouvoir sans partage jusqu'à ce qu'une institution commune s'installa au nom du Ngondo. Sous la supervision du Ngondo donc, les rois Bell et Akwa purent signer le 12 juillet 1884 le traité germano-douala qui permit aux Allemands d'entreprendre la conquête du Cameroun profond. Cette conquête s'étendit jusqu'à l'Adamaoua en 1899 et le Lac Tchad en 1902 avec des guerres qui dévastèrent les États Foulbés et le royaume Mandara. Seul le royaume Bamoun accepta de négocier avec les Allemands. Ce qui permit ainsi au chef Njoya d'éviter la guerre à son royaume en acceptant les innovations politiques et économiques imposées par l'Allemagne.

I.2. Structuration des organisations politiques et socio-économiques du Cameroun sous protectorat allemand

Avec l'arrivée des Allemands au Cameroun en 1884 et leur pénétration exploratoire et conquérante dans l'hinterland, l'administration du Cameroun fut confiée à Julius Freiherr, premier Gouverneur de la « colonie » Kamerun. Les premières plantations furent ainsi créées à l'instar des cacaoyers, bananeraies, caféiers, hévéas, palmiers à huile et tabac.

Les premiers bateaux frigorifiques seront introduits par l'Allemagne en 1911 pour l'exportation de bananes. Deux firmes commerciales allemandes Woermann et Jantzen & Thormählen s'introduisent dans l'activité commerciale camerounaise et en deviennent rapidement les plus en vue au détriment des commerçants locaux. Les camerounais sont de simples ouvriers dans les champs et sont payés pour le travail exercé. Les chefs de clans et de famille reçoivent en retour des biens importés tels que des étoffes, des miroirs, des peignes, des souliers, etc. Les produits des exploitations agricoles vont en majorité dans les caisses allemandes. Les entreprises allemandes réussissent ainsi à convaincre le Chancelier allemand Bismarck d'entreprendre l'acquisition d'un protectorat au Cameroun. Bismarck envoie le docteur Gustav Nachtigal qui finit par négocier et signer des traités de transfert de souveraineté au nom du Reich allemand. Ces documents seront ainsi présentés à la Conférence internationale sur le partage de l'Afrique tenue à Berlin entre novembre 1884 et février 1885.

Dans un article publié le 12 juillet 2004, à la commémoration du traité signé le 12 juillet 1884, l'auteur (Kum'a Ndumbe III, 2014) indique que « le texte contenant les souhaits des camerounais (« Wünsche der Kamerunieute ») fut signé uniquement par le consul allemand comme garantie et stipulait que :

1- Le monopole commercial restera entre les mains des camerounais ;
2- Les Camerounais ne demandent ni protection, ni annexion aux Européens ;
3- Les Camerounais demandent le respect de leurs coutumes ;
4- Les terres cultivées sont inaliénables ;
5- Les Camerounais ne veulent pas de douane (allemande) chez eux ; celle-ci devant rester sous l'autorité des « rois » (camerounais) ;
6- Pas d'impôts sur les animaux domestiques ;
7- Pas de bastonnade ou d'emprisonnement sans faute, surtout pas à propos des transactions de commerce de troc, et ceci sans décision de justice ».

Ainsi le traité du 12 juillet sera signé avec les clauses suivantes :

1- Le territoire dénommé Cameroons est géographiquement délimité ;
2- Les droits de souveraineté, de législation et d'administration sont cédés aux firmes privées allemandes – qui rétrocèderont ces droits au Reich allemand :
3- Les droits des tiers sont préservés ;
4- La validité des traités d'amitié et de commerce signés auparavant avec d'autres puissances étrangères est préservée ;

5- Les droits des Camerounais et de leurs héritiers sur les terres cultivées et habitées sont maintenus ;
6- Le droit de douane au profit des rois demeure ;
7- Le respect des coutumes camerounaises est acquis.

Au lendemain de la signature ce traité, le Reich allemand reçoit tous les droits des commerçants allemands et commence une nouvelle administration de même qu'une conquête militaire plus dure et véloce envers les autochtones, tandis que peu de considération est accordée aux intérêts des camerounais. Ce retournement de situation et injustice administrative et commerciale conduisent certains leaders et chefs de clans, à l'instar de Martin Paul Samba, fusillé à Ebolowa et Rudolf Douala Manga Bell, pendu à Douala, tous les deux le 8 août 1914, à poser les bases du premier éveil du nationalisme camerounais.

D'autres commerçants arrivent aussi au Cameroun dès 1919. C'est le cas de la colonie grecque dont l'immigration au Cameroun se fait en deux vagues. La première vague arrive juste après la première guerre mondiale. Les plus connus de ces immigrés sont : Koulaxides, Tsékenis, Kalafatas. Ceux de la deuxième vague arrivent après la deuxième guerre mondiale. Il s'agit entre autres, de Georges Kritikos, Xantopoulos, et Jean Caravelas.

Néanmoins, avec le début de la première guerre mondiale de 1914, les transactions commerciales du Cameroun sous administration allemande commencent à connaître des difficultés. Avec la défaite de l'Allemagne pendant la guerre, le Cameroun est placé sous mandat par la Société des Nations (mère de l'Organisation des Nations Unies) sur la base du Traité de Versailles du 28 juin 1919. Une reconfiguration de l'espace territoriale du Cameroun est ainsi mise en place par les vainqueurs de la guerre. Les puissances françaises et britanniques se partagent le

Cameroun en deux parties inégales : le cinquième du territoire appelé Cameroun occidental situé aux frontières avec le Nigeria confié à l'Angleterre, et les quatre cinquième du territoire appelé Cameroun oriental pour la France.

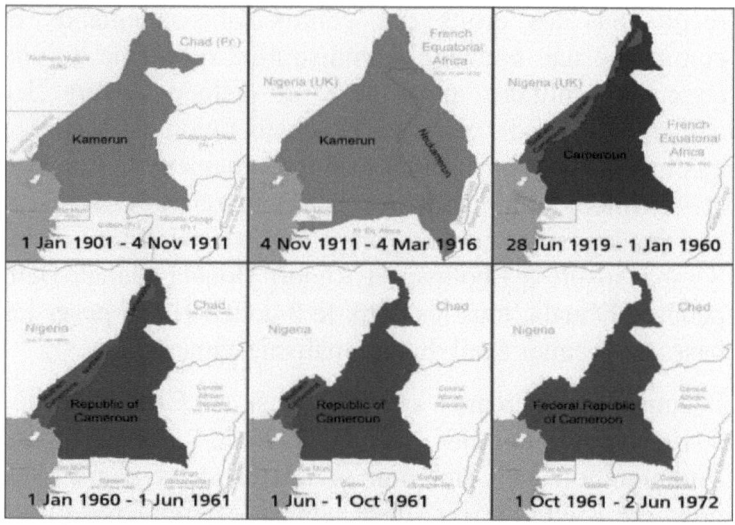

Source : Roke dans le Cameroun de 1901 à 1972

Toutes les plantations initiées par les Allemands sont confisquées en 1939 par les nouvelles puissances françaises et britanniques. Dans le Cameroun occidental, les plantations sont transformées en une entreprise publique dénommée Cameroon Development Corporation (CDC). Le système d'organisation dans le Cameroun occidental est le « *indirect rule* » qui inclut les chefs traditionnels dans l'administration coloniale.

Dans le Cameroun oriental, le système d'administration est beaucoup plus totalitaire avec remplacement en 1946 du statut du Cameroun administré par la France sous mandat de la Société des Nations, par le statut de territoire sous tutelle avec l'avènement de l'ONU. Il est imposé l'enseignement du Français dans les écoles publiques et privées et le haut-commissaire de la République française et ses collègues veillent au strict respect de la circulaire du 8 décembre 1921 qui indique que : « ...Nulle école ne peut fonctionner si l'enseignement n'y est donné en Français. Cette disposition n'a pas besoin de justification. Entre les indigènes et nous, n'existera un lien solide que par l'initiation des indigènes à notre langue... » (Stumpf, 1979, p. 4). Le régime colonial de l'indigénat est ainsi institué. Il donne aux Camerounais la possibilité de régler leurs problèmes quotidiens internes mais de fermer les yeux sur tout ce qui concerne les intérêts stratégiques liés à la gestion des terres, des produits du sol et du sous-sol. Les cultures de rente confisquées des Allemands sont développées. Des plantations de caoutchouc sont introduites. La ligne de chemin de fer entre Yaoundé et Douala qui avait été entamée par les Allemands est finalisée par les Français. Des routes sont également construites ainsi que des infrastructures telles que des ponts et aéroports.

Faisant face au totalitarisme du pouvoir administratif et politique, à l'oppression accrue des peuples autochtones, et à l'exploitation exagérée des ressources du sol et du sous-sol par l'empire colonial, l'Union des Populations du Cameroun (UPC) est créée en 1948 comme première formation politique du Cameroun. Son idéologie était d'inspiration marxiste et ses principales demandes étaient l'unification des Cameroun occidental et oriental, ainsi que l'indépendance immédiate du Cameroun. Son Chef, Ruben Um Nyobe est tué le 13 septembre 1958 par des troupes françaises en pays Bassa, près de Boumnyébel. L'indépendance du Cameroun finit par être accordée officiellement par la France le 1er janvier 1960 et la nation prit le nom de République Unie du Cameroun. Cependant, sur le plan économique, ladite indépendance ne céda pas vraiment le pouvoir monétaire et industriel aux nationaux de l'époque postcoloniale.

I.3. Structuration des organisations politiques et socio-économiques du Cameroun après la première guerre mondiale

Le Cameroun au lendemain de la première guerre mondiale est marqué par la prise en main du pouvoir administratif du pays par des colons français et anglais. Sur le plan politique, le régime des colonies, sous la gouvernance d'un Commissaire de la République, avec une administration centralisée, est appliqué jusqu'à la « maturation des indigènes » prévue par le Traité de Versailles. À partir de l'époque postcoloniale, qui commence au lendemain de la proclamation de l'indépendance du Cameroun survenue le 1er janvier 1960, le Cameroun devient, d'après sa première constitution, un État unitaire avec un parlement monocaméral dont les membres sont élus au suffrage universel direct (DeLancey, Mbuh, & DeLancey, 2010). Le paysage politique du Cameroun présente une unification des partis politiques en 1960 au sein de l'Union Nationale Camerounaise (UNC) qui deviendra plus tard le Rassemblement Démocratique du Peuple Camerounais le 25 mars 1985 à Bamenda.

En ce qui concerne les résolutions de la Conférence de la Paix de Paris tenue en 1919, l'article 22 indique que les puissances européennes assurent un mandat sur les peuples autochtones jusqu'à ce que ceux-ci accèdent à leur maturation politique et à leur bien-être socio-économique. Il s'agit d'un mandat du type A, prévu par la Société des Nations. Au lendemain de la défaite de l'Allemagne à la guerre mondiale de 1914-1918, le mandat donné à la France et à la Grande Bretagne sur le Cameroun prévoyait entre autres la liquidation des biens allemands, la mise au point d'une réglementation foncière afin de sauvegarder les intérêts des indigènes, la recherche de l'autosuffisance alimentaire, et le développement économique à travers l'amélioration des infrastructures routières et la vulgarisation des cultures dites d'exportation.

I.3.1. La liquidation des biens allemands après la première guerre mondiale

La reprise des biens allemands au lendemain de la première guerre mondiale s'est faite dans un contexte économique difficile dû à la baisse des cours du caoutchouc, la grande crise commerciale et la crise monétaire de 1921-1922. La liquidation des biens allemands s'était faite sur la base d'une mesure générale de séquestre ordonnée par le Tribunal de Douala en date du 16 novembre 1916. L'ordonnance prévoyait qu'un mandataire de justice gérât les biens allemands pendant toute la procédure de liquidation. Une commission consultative de liquidation fut mise sur pied afin d'examiner les conditions et les cas de rétrocession des biens. Avec les baisses des cours du caoutchouc énoncées ci-dessus, et le fait que le maintien de leur exploitation nécessitait une main d'œuvre abondante, les plantations de cette denrée ne trouvèrent pas beaucoup d'enchérisseurs contrairement aux plantations de tabac et de palmeraies.

Pour certaines infrastructures en l'occurrence les chemins de fer, l'administration locale en fit des biens publics en vertu du droit de préemption pour une exploitation en régie. Sur la partie occidentale du Cameroun sous mandat de la Grande-Bretagne, la majorité des vastes plantations furent revendus aux Allemands en tant qu'acquéreurs privés du fait de l'existence d'autres enchérisseurs. Cependant, avec le début de la deuxième guerre mondiale de 1939, toutes ces propriétés furent à nouveau séquestrées et confiées à l'administration d'une société d'État dénommée « Cameroon Development Corporation », en abrégé C.D.C. Il faut tout de même souligner que les opérations de liquidation des biens allemands avaient connu des difficultés énormes du fait de la disparition des livres fonciers des anciens propriétaires. Cette situation avait conduit à l'élaboration d'un nouveau régime foncier.

I.3.2. Le régime foncier

Différents régimes fonciers ont été observés au Cameroun sous mandat. Initialement, le régime des grandes concessions fut mis en place par la France en continuité du même type de régime pratiqué durant le protectorat allemand. Pour épouser l'esprit du mandat confié par la Société des Nations, un nouveau régime foncier dit des concessions moyennes prit place avec pour objectif de sauvegarder les intérêts et droits fonciers des peuples autochtones. Le principal principe était de protéger les autochtones de tous risques qui pouvaient les déposséder de leurs propriétés foncières. À cet effet, le décret du 20 août 1920 portant statut domanial et foncier stipulait en son article 2 que : « les terres formant la propriété collective des indigènes que les chefs indigènes détiennent comme représentants des collectivités, ne peuvent être cédées à des particuliers par voie de vente ou de location, qu'après approbation par arrêté du Commissaire de la République en Conseil d'Administration » (Etoga Eily, 1971, p. 339). Il en est de même de la procédure d'expropriation pour cause d'utilité publique qui était régie par le décret du 10 juillet 1922 et dans lequel l'administration accordait aux autochtones un maximum de garanties et de sécurité.

Toutes ces mesures avaient à la vérité pour but d'éviter que se constitue une classe émergente et économiquement forte d'acquéreurs de propriétés immobilières. Etoga Eily dans un ouvrage précise que :

« En ce qui concerne les concessions rurales, elles se répartissaient en deux catégories suivant l'importance de leur superficie ; on distinguait ainsi :

1- Des concessions ayant une étendue égale ou supérieure à 1.000 ha ; ces concessions étaient accordées par décret, rendu sur proposition du Commissaire de la République et après avis de la Commission des concessions coloniales.

2- Celles des concessions qui comportaient une étendue inférieure à 1.000 ha étaient généralement accordées par le Commissaire de la République en Conseil d'Administration.

Quelle que fût l'hypothèse, les conditions de la concession devaient être stipulées dans un cahier des charges, qui prévoyait également les taux de redevance. Le document était ensuite soumis à l'approbation du Ministre des Colonies, chaque fois que la concession concernée comptait plus de 1.000 ha.

L'attribution de toute concession devait s'entourer d'une publicité suffisante, de manière à permettre à tous les intérêts de se manifester et d'être examinés utilement avant l'établissement de l'acte de concession.

Les droits fonciers étaient constatés par la procédure habituelle d'immatriculation. Par un décret du 28 novembre 1935, la réglementation domaniale fut modifiée, notamment pour ce qui concernait la mise en valeur des concessions rurales ; c'était une condition pour l'obtention des titres de propriété. Pour le paiement des redevances, de nouvelles règlementations devaient intervenir au terme du même décret ; on avait en effet constaté que sous l'empire de l'ancienne législation, certains colons sollicitaient des superficies hors de proportion avec leurs moyens financiers ; on avait ainsi enregistré des études de terrains démesurés incultes et donc immobilisés sans profit pour la communauté.

Pour remédier à cette situation préjudiciable aux intérêts bien compris de la collectivité, le rapport entre les surfaces à mettre en valeur et la surface totale fut ramené de $1/8^e$ à $1/5^e$; c'est donc seulement dans ces conditions que le concessionnaire pouvait être considéré comme ayant travaillé son domaine. » (Etoga Eily, 1971, p. 340)

Plusieurs parcelles avaient ainsi été aménagées afin de développer de grandes cultures. Dans la région du Mungo, 30.000 ha répartis en quatre parcelles ; 535.000 ha dans la région du Noun ; trois parcelles dans la Sanaga Maritime avec des superficies respectives de 28.000 ha, 700 ha et 80 ha ; la région du Nyong et Sanaga avec 92 ha. Toutes ces parcelles avaient été constituées en fonction de la densité de la population dans ces régions afin de faciliter l'obtention de la main-d'œuvre ouvrière.

I.3.3. La recherche de l'autosuffisance alimentaire

La recherche d'une autosuffisance alimentaire semblait avoir été instiguée davantage par le besoin de l'administration coloniale de s'assurer que la main d'œuvre eût été entretenue, et moins par un pur humanisme. En effet, les principales cultures instaurées étaient celles relatives aux nécessités de commerce et d'exportation. Peu d'attention était accordée aux cultures d'utilisation locale et de subsistance pour les autochtones ouvriers. Très tôt, l'administration coloniale se rendit à l'évidence qu'il fallait ménager la main d'œuvre en lui permettant de s'assurer une autosuffisance alimentaire. Par conséquent des semences de riz et d'arachides furent distribuées aux autochtones afin d'encourager et de développer la pratique des cultures vivrières. « C'est ainsi que pour la récolte de 1922, le canton Nanga-Eboko avait pu fournir près d'un millier de tonne de riz, tandis que la région d'Ebolowa avait réussi à ravitailler en arachide les 6.000 travailleurs des grands chantiers des travaux publics. » (Etoga Eily, 1971, p. 342).

Une fois l'autosuffisance alimentaire assurée, les planteurs, les commerçants et le gouvernement local pouvaient ainsi disposer d'hommes suffisamment nourris pour travailler dans les plantations et porter les produits sur leurs têtes ou sur leurs dos. Une taxe fut mise sur pied pour obliger les autochtones à travailler afin de la payer, et les employeurs s'étaient arrogés le droit de bastonnade. Le gouvernement fixa un maximum de 25 coups de fouet administrables à un employé indiscipliné. La Chambre de Commerce réussit à mettre le poids maximum à porter par chaque individu à 30 kg au lieu de 25 kg. Du fait des ravages de la maladie du sommeil, il ne fut pas possible de développer l'élevage des bêtes (comme des chevaux ou des ânes) qui auraient pu être utilisées pour porter les produits. C'est donc les autochtones qui s'occupaient de cette épuisante besogne. Bien que la première automobile fût introduite au Cameroun en 1905 par les Allemands, 85.000 porteurs selon Etoga Eily parcouraient chaque jour le trajet entre Kribi et Yaoundé aux environs de 1912. La route ou du moins les sentiers étaient utilisés afin, d'une part, d'écouler les produits importés de la côte vers l'intérieur du pays, et d'autre part, de sortir les produits des champs jusqu'à la côte où ils devaient être acheminés vers l'international par la voie des eaux.

I.3.4. Le développement économique à travers l'amélioration des infrastructures routières pour la vulgarisation des cultures dites d'exportation et des produits importés

Les infrastructures routières étaient quasiment inexistantes pendant le protectorat allemand. Non seulement fallait-il disposer des voies d'évacuation des produits mais il fallait surtout que ces routes soient praticables en toutes saisons. Les premiers travaux d'aménagement des routes commencèrent à la côte pour progresser vers l'hinterland. Les ouvriers étaient surtout les membres des tribus qui avaient essayé de se soulever contre le pouvoir du gouvernement local. Dès 1907, des liaisons directes naquirent entre Nanga Eboko et Deng-Deng tandis que les travaux de construction de la route entre Yaoundé et Kribi, longue de 300 km s'achevèrent en 1912. Du fait des pluies ravageuses, le problème de l'entretien de ces routes se posait avec acuité. Le gouvernement local décida alors que l'entretien de la route se ferait par chaque village que la route traversait. Cette décision ne plut pas aux villageois et beaucoup de villages se retrouvèrent ainsi abandonnés.

Afin de résoudre le problème des voies de communication terrestre, une commission d'experts fut envoyée au Cameroun. Sa mission était d'examiner la faisabilité d'un projet de développement des voies de communication terrestre et fluviale dans l'hinterland. C'est ainsi que le Nyong et le Dja (une branche du fleuve Congo) furent trouvés navigables respectivement sur 75 km et 150 km. « Le Nord et le Sud-Est du Territoire était en communication avec les colonies non allemandes voisines, grâce aux voies fluviales telles que les combinaisons Niger-Bénoué, et Congo-Sangha. On pouvait également citer la voie commerciale de la Cross-River dans la Calabar. » (Etoga Eily, 1971, p. 267). Au-delà des voies de communication combinées (terrestre et fluviale), des projets relatifs aux chemins de fer commencèrent également à se développer. Les Allemands en firent une nécessité impérieuse afin d'arrêter le développement du détournement du commerce des marchandises de l'hinterland vers le Nigeria et le Congo.

Le projet de construction des lignes de chemin de fer prévoyait la ligne du Sud, la ligne de l'Est et celle du Nord. La ligne du Sud « devait prolonger l'embranchement Otélé-Mbalmayo sur la voie Douala-Yaoundé, puis à partir de Mbalmayo, remonter la rive droite du Nyong jusqu'à Widimenge[3]. De ce point, la voie ferrée allait s'engager vers le Sud jusqu'à Sangmelima, grand carrefour des routes allant dans diverses directions. (…). La ligne de l'Est se détacherait de celle du Sud avant la traversée du Nyong, à environ 200 km de Mbalmayo ; elle aurait alors rejoint le prolongement du terminus de Yaoundé sur Nanga-Eboko, et se serait poursuivie en passant par Doumé, Gaza, Koumbé, avant de traverser la vallée de la Lobaye ; enfin, elle aurait atteint l'Oubangui au seuil rocheux du Zinga, seul point de passage permettant de franchir cette large et puissante rivière, et gagner le Congo-Belge. (…). La ligne du Nord était destinée à desservir le plateau de l'Adamaoua, ainsi que les régions voisines du Tchad, en reliant Douala à Garoua à travers les régions de l'Ouest du Cameroun. Un raccordement sur Yaoundé à partir de Tibati était également prévu. La voie devait se poursuivre vers le Nord en traversant la région de Deng-Deng, passant ensuite à l'est de Ngaoundéré en rejoignant enfin l'artère de pénétration pour atteindre le Nord-Cameroun fortement peuplé, et riche en bétail, ce qui aurait conduit, du point de vue commercial, à rendre cette région moins tributaire de la Bénoué. » (Etoga Eily, 1971, pp. 268-271).

---

[3] Widimenge est la transcription allemande de Mbida-Menge pronocé Mbid'Menge

Les Allemands créèrent en 1905 la société du Chemin de Fer du Cameroun, la *Kamerun-Eisenbahn Gessellschaft*. Cette société devait construire le chemin de fer sur fonds propres et l'exploiter pendant 90 ans avant de le rétrocéder au gouvernement. Les travaux du chemin de fer du Nord (le Nordbanh[4]) furent ainsi lancés mais ils s'arrêtèrent en 1911 après construction de 160 km depuis Bonabéri jusqu'à Nkonsamba.

En 1910, les travaux de construction de la ligne du Centre (Mittellandbahn) débutèrent. Cette fois, les financements étaient faits sur fonds du gouvernement impérial qui confia la réalisation du projet à la Société Lenz. Sur les 360 km de chemin de fer prévus, seuls 150 km étaient achevés en décembre 1913. La ligne fut mise en exploitation l'année suivante au mois de juin, jusqu'à Ezéka sur un tronçon de 174 km. Cependant, la Chambre de Commerce de Kribi dû se plaindre du fait que cette ligne aurait dû être lancée à partir de Kribi du fait de l'importance de son centre commercial de l'époque. C'est ce qui donna lieu aux premières velléités et attaques contre le gouvernement impérial depuis Kribi. La décentralisation de Kribi vint donc au menu des débats au sein de l'administration impériale.

Au-delà du développement des plantations et des premières infrastructures routières et fluviales, des structures du développement du savoir et de la formation professionnelle furent aussi ouvertes à partir de 1923. Il s'agissait des mutuelles scolaires et coopératives. En effet, entre 1923 et 1925, plusieurs mutuelles scolaires furent créées successivement à Ebolowa, Yaoundé, Dshang, Ngaoundéré, Yokadouma, Bafia, Kribi et Edéa. Ces mutuelles avaient des formes soit industrielles, soit agricoles. Des jeunes élèves qui y étaient pensionnaires

---

[4] Le Nordbahn était aussi appelé Chemin de fer de Manengouba

recevaient une formation liée à l'utilisation des outils modernes du travail de la terre, ainsi qu'un formatage pour l'amour de l'agriculture soignée entrainant des productions abondantes. Les mutuelles disposaient également de terrains d'expérimentation nécessaires à l'exploitation des sols.

La première école de formation professionnelle qui vit le jour au Cameroun fut l'École Professionnelle et Industrielle d'Élat, en mémoire de l'américain Frank James tué par un éléphant au cours d'une partie de chasse. Cette école fut construite par la mission presbytérienne américaine qui s'était engagée depuis 1898, à assurer une formation professionnelle aux autochtones. Deux principales sections furent introduites : la menuiserie et la couture.

L'ouverture des écoles de formation constitueront ainsi les prémisses d'une économie basée sur la connaissance encore appelée économie du savoir.

Chapitre II
Économie du savoir, arbitrage financier et modes de financement des entreprises

> « *Le capitalisme contemporain repose sur deux piliers : la connaissance qui est à l'origine des nouvelles technologies, et la finance moderne qui contribue à la sélection et au financement des innovations.* » (Mouhoub & Plihon, 2009, p. 6)

Ce chapitre plongera d'abord le lecteur dans la compréhension théorique des notions d'économie du savoir et d'arbitrage financier au sein des marchés des taux de change. Nous constaterons le rôle stratégique que jouent l'information et la capacité à traiter rapidement cette information, afin de la transformer en données exploitables pour réaliser des gains financiers. Ensuite, les modes conventionnels ou du moins usuels de financement des entreprises seront passés en revue. Le lecteur découvrira les options possibles et les *best practices* pour financer une entreprise soit par augmentation du capital, soit par la politique d'endettement, soit par des méthodes dites hybrides.

II.1. Économie du savoir

Pour beaucoup d'économies en Afrique Centrale, à l'instar du Cameroun, l'accès dans les marchés financiers internationaux semble être une tâche difficile. Ces marchés semblent également avoir un mode de fonctionnement complexe pour nos experts locaux. C'est ce qui pourrait expliquer le fait de recourir à des experts internationaux pour toute opération financière internationale. Ces raisons justifient la nécessité de compréhension et de pratique de l'économie du savoir par les États et les entreprises modernes du Cameroun. Ainsi, nous opposerons le concept de capital intellectuel à celui de digitalisation des systèmes de gestion pour asseoir la compréhension de l'économie du savoir. Il est manifestement clair que du fait de la rapidité d'exécution et de transmission des informations financières au sein des marchés financiers internationaux, les innovations technologiques et les innovations financières entretiennent des liens étroits. Réciproquement, la digitalisation des opérations grâce aux Nouvelles Technologies de l'Information et de la Communication (NTIC) a été soutenue par le développement des marchés financiers.

II.1.1. Les principales formes de l'économie du savoir

Les expressions : économie du savoir, économie de la connaissance, économie de l'immatériel ou encore capital cognitif sont des quasi-synonymes et désignent une nouvelle ère de l'histoire économique dans laquelle le monde est entré après la chute du mur de Berlin. Nous présenterons le capital intellectuel et l'économie numérique comme étant les deux principales formes d'économie du savoir.

A. Le capital intellectuel

Le capital intellectuel peut être considéré comme l'ensemble des enseignements scolaires, universitaires et post-universitaires qu'un individu a reçu tout au long de son parcours. Ce capital est fonction du système éducatif pratiqué par l'État et des objectifs des employeurs. L'importance du nombre de diplômés de l'enseignement supérieur dans un pays est un gage de capital intellectuel de bonne facture.

Avec l'économie de la connaissance ou de l'immatériel dans l'informatique et la cybernétique, le concept d'intelligence artificielle prend son essor et requiert que le système éducatif insiste sur les matières telles que la lecture, l'écriture, les mathématiques, la physique, l'informatique et la cybernétique. Cette intelligence artificielle « vise à comprendre l'intelligence humaine dans un domaine donné avant de la reproduire dans l'ordinateur » comme le souligne Jean-Yves Djamen (Djamen, 2008, p. 15). C'est dans sa mise en pratique au sein des organisations que le capital intellectuel est traduit en plusieurs autres types de ressources humaines ou capacités multidimensionnelles à résoudre les problèmes réels variables auxquels l'organisation fait face.

Pour l'OCDE[5] dont les experts ont commencé en 2011 à travailler sur un projet baptisé *Nouvelles sources de croissance : Le capital intellectuel*, de nombreuses entreprises innovantes qui deviennent compétitives investissent « dans des actifs non physiques comme la recherche-développement (R-D), les données, le logiciel, les brevets, les nouveaux processus organisationnels, les compétences propres à l'entreprise et le design. (OCDE, 2013) ».

---

[5] Organisation de Coopération et de Développement Economique.

Selon le rapport de l'IFAC[6] en 1997, le capital intellectuel est défini par trois composantes :

- **Le Capital humain** *(know-what)* qui englobe *le capital compétence* (capacité de manager), *le capital recrutement* (capacité à prospecter le personnel et à l'intégrer dans l'organisation), et *le capital formation* (formation générale et formation spécifique de l'individu) ;
- **Le Capital relationnel** *(know-who)* qui s'entend du *capital client* du travailleur (capacité à acquérir, à fidéliser, et à satisfaire les clients) ainsi que de son *capital réputation* (capacité à faire preuve d'éthique, de sens de la publicité et de positionnement de la marque[7] de l'entreprise) ;
- **Le Capital organisationnel** *(know-how)* dans lequel nous avons *le capital process* (capacité à fournir un produit de qualité en optimisant les coûts logistiques), *le capital connaissance* (capacité à disposer des ressources informationnelles grâce aux systèmes d'information et à la veille économique, et capacité d'apprentissage), et *le capital R & D* (capacité à faire de la recherche fondamentale et capacité à se développer).

B. L'économie numérique

C'est en décidant d'ouvrir Internet à des applications civiles que les pouvoirs publics américains ont créé l'économie numérique. Toute la structuration et le fonctionnement classique des États et des entreprises sont désormais révolutionnés avec la mise sur pied d'ordinateurs personnels et des *smartphones* qui permettent une capacité de collecte, d'analyse, de

---

[6] International Federation of Accountants.
[7] Le milliardaire américain Warren Buffet a eu sa fortune en investissant dans des marques fortes comme Coca-Cola, McDonald's, Dysney, American Express, Gilette, etc.

traitement et de transmission des données à une vitesse accélérée avec une précision extraordinaire.

Au-delà des critères de rapidité, de traitement, et de diffusion en masse des informations et des données avec une précision maximale, la baisse des coûts des transactions, la traçabilité des échanges et l'authentification possible de l'autre partie font de l'économie numérique un moteur essentiel de la compétitivité des États et des entreprises.

Ces dernières entités subissent ainsi des systèmes d'évaluation de la part d'agences de notation assermentées tels que Standard & Poor's, Moody's, et Fitch Ratings[8]. Après avoir été évalués, les États, les collectivités locales ou les entreprises font l'objet d'une autre évaluation par les acteurs des marchés financiers sur la base des profits futurs de l'entité évaluée ou tout simplement sur la base de leur marque ou de leur image. Cela rend l'évaluation difficile car elle est basée à ce moment-là sur des actifs immatériels (marque, image, etc.) et donne lieu à des spéculations.

II.1.2. Les outils de l'économie du savoir

En février 1994, Jean Baptiste de Foucauld[9] estimait que « la gestion stratégique de l'information économique est devenue l'un des moteurs essentiels de la performance globale des entreprises et des nations. Désormais, la conduite des stratégies industrielles repose largement sur la capacité des entreprises à accéder aux informations stratégiques pour mieux anticiper les marchés à venir et les stratégies des concurrents. »

---

[8] Ces agences de notation dominent le marché et détiennent ensemble 95% des parts de marché dans le monde.
[9] Commissaire au Plan en France en 1994 – Avant-propos du rapport du groupe « Intelligence économique et stratégie des entreprises » présidé par Henri Martre.

A. La Recherche et le Développement (R&D) et des droits de la propriété intellectuelle

Toutes les économies florissantes donnent une place de choix aux dépenses liées à la R & D. Ainsi, « dans une économie fondée sur la connaissance, la R & D occupe une place croissante et stratégique, de même que l'acquisition des droits sur ses fruits. » (Mouhoub & Plihon, 2009, p. 21). Il est vrai que l'économie fondée sur le savoir ou la connaissance pose le problème de la détermination de la valeur marchande du savoir ou de la connaissance. Grâce aux nouvelles régulations sur les droits de la propriété intellectuelle consacrés par les États et les organismes de gestion des droits de la propriété intellectuelle tels que l'Organisation Africaine de la propriété Intellectuelle (OAPI), les résultats obtenus de la R & D peuvent être protégés en les érigeant en brevets dont le coût de l'utilisation est déterminé par les forces formelle et informelle du marché pour le savoir relevant du domaine privé. Pour le savoir relevant du domaine public, son acquisition est en principe gratuite ou, tout au moins, elle se réduit à un coût accessible à toutes les bourses en tant que bien public marchand.

Au demeurant, puisque l'objectif de nos entreprises est de se doter de financements nécessaires pour leurs activités, Mouhoud et Plihon estiment qu'un investissement massif dans la R & D est gage de renforcement du pouvoir de la finance, qui elle-même est la conséquence des transformations liées au développement de l'économie de la connaissance. (Mouhoub & Plihon, 2009, pp. 21-26). Autrement dit, la finance moderne, ou mieux, la capacité à lever des fonds auprès des marchés internationaux est tributaire du niveau de l'économie du savoir pratiquée par un État ou une entreprise. L'accès aux marchés internationaux de nos jours est lui aussi étroitement lié à la capacité qu'ont les États et les entreprises à obtenir des informations à temps dans un monde dynamique de plus en plus numérisé.

B. L'intelligence économique

L'intelligence économique est la science de la recherche, de la collecte et de la gestion efficiente de l'information stratégique aux fins de positionnement et de rentabilité économiques. Elle s'entend de toutes activités formelles et informelles utilisées par un État, un groupe d'États, une entreprise ou un individu ayant pour objectifs de veiller sur les concurrents (cas de la veille technologique ou diplomatique), d'acquérir des informations à caractère stratégique, de protéger ces informations, de les traiter, de créer des procédés et processus innovants afin d'être compétitif sur le plan international.

L'intelligence économique se définit aussi comme « l'ensemble des actions coordonnées de recherche, de collecte, de traitement et de distribution de l'information en vue de son exploitation utile par le capitaine d'industrie pour la réussite de sa mission ». (Fokam K., L'Intelligence économique : une arme redoutable dans la bataille économique mondiale, 2016, p. 8)

Chaque pays dispose d'un système propre d'intelligence économique qui lui permet de faire de son économie la plus compétitive possible. Le système d'intelligence économique pratiqué aide ainsi à saisir les opportunités et à mieux gérer les risques inhérents à la mondialisation des échanges. Le groupe de travail sur l'Intelligence économique en France définit cette notion « comme l'ensemble des actions coordonnées de recherche, de traitement, et de distribution en vue de son exploitation, de l'information utile aux acteurs économiques ». Dans la pratique, l'intelligence économique est souvent assimilée à de l'espionnage technologique lorsqu'il s'agit de

« copier » les procédés technologiques des concurrents dont l'accessibilité à l'information est sophistiquée, difficile et délicate.

Les acteurs du système d'intelligence économique d'un État ou d'une entreprise seront ainsi recrutés parmi les experts et spécialistes dans des domaines variées (services de renseignement, forces armées ou de défense, policiers, ingénieurs, diplomates, universitaires, chercheurs, étudiants, sportifs, artistes, politiciens, etc.). À ce niveau-là, le système d'intelligence économique reposera sur les jeux d'influence, la ruse et les rapports de force entre les entités concernées. D'après le rapport de 1994 du ministère du Plan en France, ci-dessus référencé, la mise en œuvre d'un système d'intelligence économique « permet aux différents acteurs d'anticiper sur la situation du marché et l'évolution de la concurrence, de détecter et d'évaluer les menaces et les opportunités dans leur environnement pour définir les actions offensives et défensives les mieux adaptées à leur stratégie de développement. »

De façon plus formelle, le système d'intelligence économique permettra à un État ou à une entreprise d'assurer la veille scientifique grâce à l'analyse des brevets et des communications scientifiques des experts du pays ou de l'entreprise ciblée. Le *reverse-engineering*[10] est aussi utilisé dans les industries. L'analyse des compétences et profils des experts concurrents est aussi recommandable afin de cerner les intentions de la concurrence.

---

[10] Démontage des produits des concurrents afin de mieux comprendre leur constitution.

II.2. La spéculation financière opposée à l'arbitrage dans les marchés des changes

Les résultats d'une enquête que nous avons réalisée auprès des professionnels participants de la deuxième promotion de l'E-MBA de l'Université Catholique d'Afrique Centrale nous indiquent que la notion de spéculation financière semble être plus connue que celle d'arbitrage pratiquée au sein des marchés financiers. Nous présenterons dans un premier temps les rapports qui existent entre ces deux notions avant de préciser les conditionnalités nécessaires à l'exploitation des opportunités d'arbitrage dans le marché des changes.

II.2.1. Rapports entre arbitrage et spéculation financière

Pour mieux appréhender les rapports entre l'arbitrage et la spéculation financière, il est important de définir au préalable la notion de marché des changes. Il ressort que ce type de marché traite des transactions relatives aux devises. Ensuite, la spéculation et l'arbitrage comme modes opératoires possibles que l'on observe au sein des marchés financiers seront analysés grâce à un exemple intégrant des chiffres qui nous permettront de saisir la notion d'arbitrage pur.

A. Le marché des changes

Contrairement au marché boursier, le marché des changes n'a pas de localisation géographique propre. Les intervenants de ce marché effectuent leurs opérations par téléphone ou par réseaux informatiques. C'est pour cela que le marché des changes est aussi appelé marché de gré à gré ou OTC (*over-the-counter*). L'existence du marché des changes se comprend par le fait que dans le commerce international, les transactions imposent souvent de convertir une monnaie nationale contre une monnaie étrangère (devise). Le marché des changes devient donc le lieu d'échange d'une monnaie contre une autre à un taux de change qui est le prix fixé par la loi du marché ou loi de l'offre et de la demande. (Dupuy, Cardebat, & Jegourel, 2006, pp. 46-48).

Le marché des changes se définit aussi comme étant celui « sur lequel s'échangent les devises de l'ensemble des économies à monnaie convertible. ». Actuellement, 4.000 milliards de dollars s'échangent sur ce marché par jour ce qui représente 70 fois le volume journalier du commerce mondial des biens et services. (Lemoine, Madiès, & Madiès, 2012, p. 454). Théoriquement et dans la pratique, le marché des changes se subdivise en deux compartiments : le marché des changes traditionnel et le marché des produits dérivés de change.

Dans le marché des changes traditionnel, il existe un sous-marché des devises au comptant *(spot)* dans lequel les opérations d'achat ou de vente de devises se réalisent sur une période maximale de deux jours ouvrés. Toute opération supérieure à deux jours se déroule dans le marché des changes à terme *(forward)*.

Le marché des produits dérivés de change est un sous-marché des changes dans lequel sont échangés des actifs[11] dont la valeur dépend du prix d'un autre actif ou d'une autre variable.

Les banques commerciales et d'investissement, les banques centrales, et les courtiers sont parmi les principaux intervenants sur le marché des changes. Ils

---

[11] Swap veut dire « changer » en Anglais. Les swaps sont donc le marché des produits dérivés dans lequel un agent économique échange du cash contre des instruments financiers.

agissent en agents totalement rationnel (arbitragistes) ou en spéculateurs.

B. La spéculation et l'arbitrage sur le marché des changes

D'après certains auteurs, la spéculation financière est une opération pratiquée par des spéculateurs ou intervenants sur les marchés financiers en général et sur les marchés des changes en particulier. Les spéculateurs sont des personnes qui prennent des positions qui augmentent leur risque dans l'espoir de dégager des gains supérieurs.

L'arbitrage quant à lui est une opération d'achat et de revente immédiate d'actifs équivalents afin de profiter d'une différence certaine et connue dans leurs prix. (Zvi & Merton, 2011, pp. 225-230). Cette définition est quelque peu proche de celle retenue en économie où l'arbitrage est l'opération qui « consiste à choisir rationnellement entre plusieurs alternatives (*arbitrium agere*, faire un choix) indépendamment de tout jugement de valeur » (Berk & DeMarzo, 2011, p. 63).

Dans les marchés financiers, une opération d'arbitrage est réalisée lorsque pour deux actifs équivalents, à l'exemple du lingot d'or donc le prix peut être fixé à 1.000 $ US le lingot, l'intervenant sur le marché de l'or à New York achète 100 lingots à 1.000 $ US l'unité et les revend à Washington D.C à 1.300 $ US l'unité. En supposant que le coût de la transaction (commission du courtier, frais de transport, de stockage et d'assurance, etc.) est inférieur à 100 $ US par unité, « l'arbitrage pur » est réalisé lorsque l'intervenant réussi à fixer avec son client le prix de l'unité de lingot d'or à 1.300 $ US tandis qu'il réussit également à bloquer le prix d'achat chez son fournisseur à 1.000 $ US et s'entend avec lui que le paiement aura lieu dès que son client lui aura payé le prix conclu (1.300 $ US l'unité de lingot d'or). L'intervenant n'aura pas eu à « bloquer » son propre argent dans cette transaction : c'est de *l'arbitrage pur*.

La spéculation financière peut être définie comme une opération, ou une série d'opérations, d'achat et de vente de titres financiers et par extension monétaires (devises), sur un marché organisé tel que la bourse ou sur un marché de gré à gré, dans l'objectif de tirer un bénéfice grâce à la variation de leurs cours, tout en prenant le risque de variation inverse.

Dans une interview[12], Dominique Plihon[13] définit la spéculation comme un « comportement consistant à gagner de l'argent en achetant (ou en vendant) des marchandises, des actifs financiers ou des devises avec l'intention de les revendre (ou de les racheter) à une date ultérieure, en bénéficiant d'une évolution favorable du prix de ces marchandises ou de ces actifs. ». Au-delà de son utilité comme moyen pour un agent économique de se protéger contre les risques à terme de l'évolution des prix des marchandises, des actifs financiers ou des devises, la spéculation est souvent critiquée pour deux raisons principales :

- Sur le plan de la morale ou de l'éthique, la spéculation est une activité non productive qui consiste à gagner de l'argent « en dormant » ;
- Sur le plan de la stabilité des marchés, la spéculation peut contribuer à l'instabilité des marchés ou à des

---

[12] Interview publiée par www.lafinancepourtous.com en Avril 2010 et consulté le 16 juillet 2016 à 6h05.
[13] Dominique Plihon est professeur d'économie financière à l'Université Paris XIII.

crises graves comme la crise actuelle sur la dette publique grecque[14].

Afin de juguler les effets néfastes de la spéculation financière, les pouvoirs publics devraient interdire toute opération sur un marché de gré à gré où des transactions se passent entre deux acteurs dans une opacité totale. Toutes les opérations financières devraient donc se passer dans un marché organisé et sous contrôle.

II.2.2. Conditionnalités et exploitation des opportunités d'arbitrage sur le marché des changes

Une opération d'arbitrage obéit à des conditionnalités précises. Il s'agit d'opérations réalisées par des initiés des marchés financiers dont le travail principal est de rechercher l'information stratégique sûre et fraîche sur ce qui se passe à travers le monde entier et qui a une influence directe ou indirecte sur les cours des actifs financiers, des matières premières, et sur les cours des monnaies.

A. Conditionnalités pour une situation d'arbitrage

L'arbitrage est pratiqué par des arbitragistes qui sont des personnes surveillant les cours des prix d'actifs sur les marchés. Lorsqu'un arbitragiste se rend compte d'une différence de prix significative d'un même actif (à l'exemple d'une devise ou d'une matière première) sur deux marchés différents, il s'empresse d'acheter le

---

[14] Cas des CDS (Credit Default Swaps) qui ont été utilisés par la banque d'investissement Goldman Sachs sur la dette publique grecque. Les CDS sont des sortes d'assurance contre l'insolvabilité d'un débiteur avec la particularité que les CDS permettent à un agent économique de s'assurer contre le risque d'insolvabilité d'un autre agent économique même si l'assuré ne fait pas partie de créanciers légaux.

maximum de cet actif sur le marché où son prix est le plus bas pour le revendre sur le marché où son prix est le plus élevé. Nous pouvons donc dire que l'arbitrage est une opération totalement légale.

Un arbitrage se réalise sur la base du principe de la *loi du prix unique*. Cette loi postule que « sur un marché concurrentiel, deux actifs équivalents vont tendre à avoir le même prix. ». La notion de la loi du prix unique introduit celle de **parité des taux d'intérêt couverte et non couverte**. Ainsi, l'on suppose que « des actifs financiers de pays différents, dont les caractéristiques sont identiques (même échéance, même liquidité, même niveau de risque) seront rémunérés au même taux d'intérêt, au cours de change près » (Lemoine, Madiès, & Madiès, 2012, p. 458). Cette loi centrale d'équilibre des marchés a été examinée par John Maynard Keynes dans son *Essai sur la réforme monétaire*[15]. (Keynes J. M., 1923).

B. Exploitation des opportunités d'arbitrage

La production des ressources financières du Fonds d'Investissement dont nous recommandons la création se fera au sein des marchés des changes ou marchés de devises à l'international ainsi qu'au sein des marchés des actifs financiers, des matières premières et des produits dérivés, à travers des agences agréées et reconnues au sein des marchés financiers internationaux. Grâce au capital intellectuel et relationnel (le *know who* en plus du *know how,* ou réseau de contacts à l'international au sein des marchés financiers) des experts du Fonds d'Investissement, des transactions seront effectuées sur les marchés après analyses, veille permanente des fluctuations des devises, des actifs financiers et des matières premières. La méthode d'arbitrage (en lieu et place de la spéculation)

---

[15] *Tract on Monetary Reform.*

sera utilisée en partenariat avec des compagnies de gestion des patrimoines auprès des marchés des changes.

Pour illustration, intéressons-nous au FNSI comme arbitragiste qui emprunte à échéance de 1 mois une somme X sur le marché monétaire américain au taux **ius** (taux mensuel). L'arbitragiste emprunteur devra ainsi rembourser dans un mois la somme **Rus = X.(1+ ius)** exprimée en dollars. Pour profiter des gains potentiels sur la différence entre les devises à ce moment-là, le FNSI en tant qu'arbitragiste va faire immédiatement un placement de la somme empruntée X sur le marché européen au taux **ieur** (taux mensuel) à échéance d'un mois également.

Sois S, le cours de change au comptant *(Spot exchange rate)* EUR/USD et F, le cours de change à terme *(Forward exchange rate)* dans un mois EUR/USD. Le FNSI recevra en un mois de son placement européen la somme suivante libellée en dollars : **Reur = X.(1+ ieur).F/S**.

En cas d'absence d'opportunité d'arbitrage, c'est-à-dire au cas où le cours de l'Euro n'est pas à échéance supérieur au cours du dollar (EUR/USD > 1 ou encore **Reur > Rus**), le Fonds Non Souverain Stratégique d'Investissement effectuera une opération blanche. Pour profiter des opportunités d'arbitrage, les experts du FNSI devront savoir suivre les taux d'intérêt successifs sur les marchés de devises pendant toute une année, scruter les évènements politiques et économiques d'envergure qui influencent les marchés, disposer des comptes en devises à l'international, et saisir ainsi toute opportunité éventuelle d'arbitrage.

La mise sur pied des stratégies dites de « *stop-loss* » par le biais de la négociation électronique, permettra d'utiliser des formules de *trading* algorithmiques et de haute fréquence certes complexes mais efficaces pour la rentabilisation des placements sur un marché des changes, ainsi que la gestion des risques qui leur sont inhérents. Lemoine et Madiès précisent que :

« *Les stratégies de « stop-loss » ou de couverture dynamique ont été largement automatisées et on parle alors de négociation (trading) algorithmique. Par la suite, s'est développée la négociation (trading) haute fréquence qui en constitue un prolongement naturel car cette technique ne peut être mise en œuvre que grâce à des systèmes informatiques et automatisés.* ». Pour ce qui est du *trading* haute fréquence, l'opérateur bénéficie des opportunités d'arbitrage avant les autres acteurs du marché. Il suffit de capter rapidement lesdites opportunités et de soumettre les ordres sur le marché avant les autres arbitragistes. Lemoine et al. précisent qu'il s'agit de : « *réduire le temps de latence dans l'exécution des ordres. En négociation électronique, le temps de latence correspond au temps que met un ordre pour être envoyé sur le marché. C'est en réduisant ce temps de transmission que de nombreux fonds disposent d'un avantage compétitif sans équivalent.* » (Lemoine, Madiès, & Madiès, 2012, p. 482).

Bien que des opportunités d'arbitrage soient de moins en moins fréquentes et qu'elles disparaissent aussitôt qu'elles se créent à cause de la stabilité des cours, elle-même liée à la loi de l'offre et de la demande, certaines études montrent qu'il existe des opportunités d'arbitrage même lorsque les coûts de transactions sont pris en compte. (Clinton, 1988) et (Taylor, 1989). Les opportunités d'arbitrage sont également créées, de manière générale, pendant les périodes de forte volatilité du marché des changes elles-mêmes résultant par exemple des phénomènes politiques comme le BREXIT[16] ou l'élection

---

[16] Au 17 janvier 2017, la chaine de Télévision France 24 a annoncé que la Livre Sterling a perdu plus de 20% de sa valeur suite à la sortie

de Donald Trump à la présidence des États Unis d'Amérique.

C. Gestion des risques liés aux placements

Nous avons vu plus haut dans ce chapitre que la notion de parité des taux d'intérêt peut se présenter sous deux versions : la parité des taux d'intérêt couverte (PTIC) d'une part, et la parité des taux d'intérêt non couverte (PTINC) d'autre part. L'usage et l'application de la relation de parité des taux d'intérêt couvert par le Fonds que nous voulons créer permettront à cette entreprise de se couvrir contre le risque de change sur les marchés.

Dans le cas de la parité de taux d'intérêt non couverte (PTINC), l'arbitragiste choisi de ne pas se couvrir contre le risque de change. Il préfère anticiper le cours au comptant qui prévaudra à terme. L'arbitragiste devient ainsi un spéculateur. Le gain qu'il espère réaliser n'est plus certain comme dans une opération d'arbitrage pur. L'opération devient donc complètement aléatoire. Le Fonds d'Investissement dont nous préconisons la création devrait éviter ce genre d'opération risquée.

Au demeurant, afin de juguler et maîtriser tout risque éventuel qu'un opérateur encourt sur les marchés financiers, des organisations professionnelles à l'instar de *l'Association for Investment Management and Research (AIMR)*, la *Global Association of Risk Professionals (GARP)*, *l'International Association of Financial Engineers (IAFE)* et le *Risk Waters Group* proposent des assistances techniques et des conseils en couverture du risque des marchés.[17]

---

de l'Angleterre de l'Union Européenne (voir aussi www.lemonde.fr) le vendredi 27 Juin 2016.
[17] (Shiller, Le nouvel ordre financier - La finance moderne au service des nouveaux risques économiques, 2014).

Au-delà des risques sur les marchés financiers qui peuvent dorénavant être couverts par plusieurs moyens organisationnels et méthodes issues des calculs mathématiques et économétriques, il faut dire aussi que la volatilité que l'on observe sur les marchés spéculatifs n'est pas totalement irrationnelle. Ce qui veut dire que cette volatilité peut être scientifiquement anticipée. À titre illustratif, tous les marchés boursiers aux États-Unis ont été essentiellement conditionnés par la psychologie des acteurs et la mode. (Shiller, Market Volatility, 1989).

II.3. Principaux modes de financement et éléments d'une levée de fonds efficace.

D'après certains auteurs (Timmermans & Wilmots, 2013)[18] les formes de financement sont en général de trois ordres : (A) le financement du capital ; (B) le financement de l'endettement ; (C) et le financement hybride présentant à la fois les caractéristiques du capital et celles de l'endettement. Quel que soit le mode de financement choisi, il est important de respecter certains (D) éléments principaux pour une levée de fonds efficace.

II.3.1. Financement du capital

Quatre sources de financement sont en général retenues pour financer une organisation par augmentation du capital : (a) les 3 F (*Family, Friends & Fools*) ; (b) les

---

[18] Pieter Timmermans est en 2013 Administrateur Délégué de la Fédération des Entreprises de Belgique (FEB) et Administrateur de la Banque Nationale de Belgique ; Hanz Wilmots est en 2013 Directeur Général de BDO Belgique, cabinet d'expertise comptable, fiscale et d'audit présente dans 154 pays et employant plus de 64.000 personnes dans plus de 1.400 agences à travers le monde.

Business angels ; (c) le *Private equity*[19] : *venture capital*[20] et *hedge funds*[21] ; (d) la bourse.

Les 3 F sont souvent utilisés pour une entreprise qui s'implante pour la première fois. Il s'agit des entreprises « *seed & start up* » dont le risque financier est très grand. L'entrepreneur a ainsi recours à ses fonds propres, à des amis, ou à sa famille pour financer son entreprise.

Les *Business angels* sont généralement des (ex) entrepreneurs qui veulent investir dans des entreprises débutantes prometteuses ou à croissance rapide. En plus du soutien financier, les *Business angels* offrent aussi leurs expertises et expériences. Généralement, après quelques années de croissance, le *Business angel* est sensé se retirer et vendre ses parts pour réaliser une importante plus-value. Il investit généralement moins de 250.000 EUR.

Pour Berk (Berk & DeMarzo, 2011, pp. 880-883), les fonds de *Private equity*[22] (sociétés dites de participation financière) comprennent notamment le venture capital et les *hedges funds* (période d'investissement à moins de 5 ans et pas de participation active au management de l'entreprise, contrairement au venture capital). « Les fonds de *Private equity* sont spécialisés dans les opérations financières ayant pour cibles des entreprises non cotées en Bourse. Ils rachètent des entreprises à fort potentiel de

---

[19] Autre appellation du capital (fonds propres) collecté auprès des tiers, en dehors de la bourse.

[20] Investissement dans une jeune entreprise. Aussi appelé capital à risque.

[21] According to www.investopedia.com "Hedge fund is basically a fancy name for an investment partnership. It's the marriage of a fund manager (the general partner) and the investors (the *limited* partners) in the hedge fund.

[22] Les plus grandes sociétés de Private Equity sont : The Carlile Group, CVC Capital partners, Kohlberg Kravis Roberts (KKR), Goldman Sachs Principal Investment Area, Blackstone Group.

croissance et financent ce rachat grâce à un recours massif à la dette : c'est ce qu'on appelle des LBO (*Leverage Buy-Out*) ». Ces fonds sont le plus souvent utilisés dans les phases de croissance de l'entreprise, c'est-à-dire le « *early growth stage* » et le « *fast growth stage* ». Le venture capital attend généralement entre 30 et 60% au titre de rendement sur chaque investissement individuel à recevoir au moment de la sortie du capital. Le venture manager attend aussi un *management fees* pour couvrir les frais de la transaction ainsi que son suivi. Son investissement est le plus souvent fait dans des grands projets dans la mesure où l'évaluation d'un investissement et son suivi génèrent des coûts très énormes souvent difficiles à récupérer.

Les fonds issus de la bourse quant à eux assurent à l'entreprise un capital de croissance, une exigence de performance et une notoriété plus importants. L'entreprise peut ainsi lever des fonds via les marchés primaires[23] ou secondaires[24] des capitaux pour assurer sa croissance et son financement.

II.3.2. Financement de l'endettement

Il s'agit principalement des dettes bancaires encore appelées dettes senior. Une dette senior est un emprunt couvert par une garantie, et donc le remboursement du principal et des intérêts est prioritaire par rapport à d'autres dettes au sens large. Les dettes bancaires peuvent être à long terme dans des conditions négociées sous seing privé, bien que les conditions générales sont le plus

---

[23] Les actions primaires sont des actions nouvellement créées pour lesquels le produit de l'introduction en bourse bénéficie à l'entreprise et lui permet de financer sa croissance, de démanteler un endettement, etc.

[24] Les actions secondaires sont des actions existantes offertes par les actionnaires existants. Le produit de l'introduction en bourse revient donc entièrement dans ce cas aux actionnaires existants.

souvent contenues dans un document de type standard rédigé et détenu par la banque.

En plus du crédit fournisseur, qui reste la principale source de financement à court terme pour une entreprise, les dettes bancaires à court terme ont pour objectif de financer la trésorerie et plus spécifiquement le besoin en fonds de roulement de l'entreprise. Les plus usuelles sont[25] :

- **Les crédits de trésorerie** : la facilité de caisse, le découvert autorisé, le crédit de campagne (crédit saisonnier), et les crédits spot (*straight loan*) ;
- **Les crédits de mobilisation des créances** : l'escompte, la cession Dailly, l'assurance-crédit, et l'affacturage inversé (*reverse factoring*) ;
- **Les autres crédits à court terme** : le crédit de préfinancement des marchés publics, les avances sur marchandises (crédit sur stock gagé), la mobilisation de créances nées sur l'étranger, les crédits par signature (exemple : cautions bancaires pour marchés publics ou privés), etc.

À long terme, nous pouvons distinguer le crédit d'investissement, le crédit-bail (ou leasing mobilier), le crédit « *roll over* [26] », les emprunts obligataires et les obligations à bons de souscription d'actions (Zvi & Merton, 2011, p. 484)[27] qui peuvent être considérées comme des types de financements hybrides.

---

[25] www.afecreation.fr – Avril 2015 consulté le 14 juin 2016 à 22h16.
[26] Forme de crédit entre le court et le long terme utilisé par les grandes entreprises. Le principe est que le capital emprunté dans le long terme est mis à disposition sous la forme de prêts à court terme de type *straight loan*.
[27] Les obligations à bons de souscription d'actions (OBSA) sont émis en même temps qu'un emprunt obligataire, et permettent à la société de procéder à une augmentation de capital quelque temps avant le remboursement de la dette.

II.3.3. Financement hybride : le quasi-capital

Certains instruments de financement sont qualifiés d'hybrides parce qu'ils ont des caractéristiques qui les rapprochent à la fois des instruments de capitaux et des instruments de dettes. Les plus courants sont : les emprunts subordonnés, les emprunts mezzanines, les emprunts participatifs, les obligations convertibles, et les comptes courants d'associés.

II.3.4. Eléments clés d'une levée de fonds efficace

Sur le plan professionnel, une levée de fonds efficace passe généralement par trois étapes : la préparation, la capacité de convaincre les investisseurs ou les banquiers, et la négociation-conclusion.

La phase de préparation consiste à élaborer un plan d'affaires (business plan) solide qui puisse :

- ***Clarifier la stratégie retenue et le contexte dans lequel le financement se fait.*** À ce niveau, l'entrepreneur devrait étudier et analyser les données du marché dans lequel il se lance et la stratégie à utiliser pour tirer avantage de ses concurrents et créer de la valeur ;
- ***Présenter l'entreprise et son historique le plus honnêtement possible.*** Il s'agit de permettre que l'investisseur ou le banquier puisse avoir une bonne connaissance des atouts et risques de l'entreprise et surtout savoir comment l'entrepreneur compte maîtriser ces risques ;
- ***Élaborer des projections sur les revenus et coûts à venir sur la base d'hypothèses plausibles et réalistes*** ;
- ***Présenter les personnes ressources qui vont s'occuper de la gestion de l'entreprise ou du projet.*** Il s'agit de présenter de façon succincte chaque membre de l'équipe en précisant ses compétences et son expérience ;

- ***Dire quelle sera l'utilisation finale des fonds demandés.*** Une précision doit être faite à ce niveau afin que l'investisseur ou le banquier sache que l'entrepreneur fait attention aux détails et a une idée claire de l'utilisation des fonds ;
- ***Identifier le bon partenaire financier.*** Cette consigne est surtout nécessaire dans le cadre d'un financement par fonds propres ou quasi-fonds propres. Pour ce type de financement, il est indiqué d'avoir un partenaire financier qui soit familier avec l'activité de l'entreprise et qui peut ainsi devenir un « *sparring-partner* » dans la vision et la stratégie. Plusieurs critères tels que le stade d'intervention, le statut de l'entreprise, son secteur d'activités, le montant du besoin, la couverture géographique, etc. peuvent être pris en compte dans le choix d'un investisseur.

La phase de capacité à convaincre l'investisseur ou le banquier diffère selon que l'entrepreneur veuille un financement en fonds propres (ou en quasi-fonds propres) ou que l'entrepreneur sollicite plutôt un financement par endettement.

Pour le financement en fonds propres ou en quasi-capital, il est conseillé, lors de la prise de contact avec l'investisseur, de présenter un résumé d'une ou deux pages du plan d'affaires. Si l'investisseur manifeste son intérêt, un document de confidentialité doit être signé par les parties avant la remise du *business plan* détaillé, et avant d'entrer dans la phase de *due diligence*.

Pour le financement par endettement, les banquiers exigent le plus souvent que les documents complets soient présentés aussitôt que les contacts sont établis.

La phase de négociation et de conclusion des conditions de financement peut être la phase la plus longue du processus de financement d'une entreprise. Pour les financements en fonds propres et en quasi-capital, il est impératif que le management de l'entreprise se fasse accompagner par des conseils spécialisés tels que des juristes d'affaires, des avocats, des banquiers, et des spécialistes du secteur d'activité de l'entreprise afin de mieux conduire les négociations et de mieux rédiger le contrat final de financement[28].

Lorsqu'il s'agit d'un financement par endettement, il est possible de négocier les garanties demandées et les taux d'intérêt avec le banquier (même si dans la pratique, cette marge de manœuvre est le plus souvent très réduite). Il est aussi recommandé de négocier les conditions en cas de remboursement anticipé.

« La relation est un exercice délicat. C'est pourquoi il faut toujours veiller à tenir le banquier bien informé car ce qu'il ne sait pas, il l'invente et la fiction est souvent pire que la réalité. Veuillez également à ne jamais le mettre hors-jeu. Vous risquez de la croiser à nouveau. » [29]

Après avoir passé en revue les aspects théoriques de l'économie du savoir, il est important de mettre en exergue les obstacles qui empêcheraient le Cameroun de développer une économie du savoir appropriée et de profiter, en sus des reformes monétaires, non seulement des opportunités d'arbitrage mais également de la volatilité des marchés des changes. Une économie du savoir qui puisse permette au Cameroun d'optimiser la

---

[28] Comme éléments clés de l'accord final, nous pouvons citer la valorisation de la société (pourcentage de détention du capital), les garanties et déclarations de l'actionnaire existant, les garanties et déclaration de l'investisseur, les modalités de paiement, et le pacte d'actionnaire.

[29] Propos de Luc Gerardy, Manager Financier au sein du Groupe Schyns, concessionnaire de Peugeot dans la région de Liège en Belgique.

compréhension et l'usage pratique des savoirs et connaissances en matière d'ingénierie dans les domaines financiers, informatique, mathématique, économique, économétrique, d'intelligence économique, et de management stratégique.

Chapitre III
Les obstacles au développement de l'économie du savoir et structuration du système financier camerounais

> *« La structure des filières enseignées en Afrique subsaharienne a souvent été, elle aussi, en déphasage total avec toute ambition de développement réel : alors qu'en Occident 70% des jeunes élèves et étudiants évoluent dans les domaines de la science pure et des sciences appliquées (sciences de l'ingénieur) – et 30% dans les sciences humaines et sociales – cette proportion se trouve exactement inversée en Afrique. »* (Pondi, 2015, p. 491)

Nous avons vu plus haut que l'économie du savoir est tributaire du système éducatif pratiqué dans un État. L'UNESCO[30] estime que l'éducation est « l'un des principaux moyens disponibles pour promouvoir un développement humain complet et harmonieux et réduire ainsi la misère, l'exclusion, l'ignorance, l'oppression et la guerre. » (Delors, 1996). Pour essayer de comprendre les obstacles au développement de l'économie du savoir au

---

[30] United Nations Educational, Scientific and Cultural Organization

Cameroun, nous examinerons les causes systémiques et structurelles d'une part, et les causes conjoncturelles d'autre part.

Pour la Banque Mondiale, quatre piliers sont définis pour évaluer l'indice de performance de l'économie du savoir dans un pays. Ces piliers sont : (1) l'éducation et le capital humain ; (2) les technologies de l'information et de la communication ; (3) la recherche-développement & innovation ; (4) les institutions et incitations économiques. La Banque Mondiale utilise ainsi le *Knowledge Economy Index (KEI)* pour mesurer la performance d'un pays en matière d'économie du savoir. Cet index permet aussi de déceler les obstacles ou les causes qui empêchent le développement de l'économie du savoir dans un pays.

S'agissant du premier pilier, Doudjidingao pense que l'amélioration du niveau d'éducation « permettrait [entre autres] à la population de mieux se représenter, mieux exploiter les opportunités économiques et de combattre la pauvreté » (Doudjidingao, 2011, p. 345).

Pour le deuxième pilier qui traite des technologies de l'information et de la communication, Dahmani indique que « Ces technologies sont définies comme celles qui autorisent le traitement de l'information et facilitent différentes formes de communication entre êtres humains et systèmes électroniques et entre systèmes électroniques eux-mêmes qui ont en commun l'utilisation des données numériques » (Dahmani, 2004, pp. 13-34).

Il est aisément constatable que la part des ressources financières que les États africains en général allouent à la recherche et au développement est la plus faible au niveau mondial. Pour le cas de l'Afrique, Hamel présente les faiblesses de la capacité de recherche-développement comme troisième pilier de l'économie du savoir en déclarant : « *knowledge creation through research and development is an understaffed, under-equipped, underfunded activity (less than half a percent of GDP compared with more than two percent for the advanced economies) and too disconnected from the potential users to be effective.* » (Hamel, 2005)[31].

Le quatrième pilier de l'économie du savoir est celui des institutions et des incitations économiques. Brah Moumouni indique que « l'absence de politiques adaptées à la concurrence expliquerait la sous-diversification de l'économie dans les pays de l'Afrique subsaharienne. Une réforme des institutions économiques et de leur mode d'organisation devra être effectuée à cause notamment de l'intensification de la concurrence dans cette économie du savoir » (Brah Moumouni, 2014).

Tous ces piliers dont la solidité est discutable dans l'espace institutionnel, politique et socio-économique camerounais peuvent être examinés sous les angles structurel et conjoncturel.

III.1. Causes structurelles

Les causes structurelles sont celles dont l'éradication est susceptible de prendre plusieurs années ou dizaines d'années. Parmi les plus importantes causes structurelles du sous-développement de l'économie du savoir au Cameroun, nous examinerons le taux d'enclavement de la population en âge scolaire, la faiblesse de l'indice d'accès

---

[31] *La création du savoir par le biais des activités de recherche-développement affiche des déficits en ressources humaines, équipements appropriés, et en ressources financières (moins d'un demi pourcent du PIB en comparaison à deux pourcent dans les économies avancées) ; cette création du savoir est aussi trop déconnectée des utilisateurs potentiels pour qu'elle puisse être efficace.*

numérique, et enfin les préjugés ou mythe de la suprématie occidentale.

III.1.1. La majorité de la population vit dans des zones rurales enclavées

Près de 80% des élèves et étudiants ou des enfants et jeunes adultes en âge scolaire vivent dans des zones rurales qui sont en plus d'accès difficile du fait du manque de routes, énergie électrique, infrastructures sanitaires, maisons d'habitation. Les jeunes enseignants, formés dans un environnement moderne, hésitent par conséquent à s'installer dans ces zones enclavées où rien ou presque n'enchante. Ce qui rend très difficile l'exportation des enseignements des centres urbains vers les zones rurales. Par conséquent des écoles dans les villages restent parfois sans enseignants pendant toute l'année scolaire.

Pour pallier cet épineux problème, le Ministère des Travaux Publics (MINTP), lors de la préparation de son budget pour l'exercice 2014, estimait que « L'objectif stratégique assigné au MINTP par le DSCE concerne le réseau routier et est d'intensifier le bitumage du réseau routier en faisant passer à l'horizon 2020 le linéaire des routes revêtues de 10% estimé en 2009 à 17% en 2020 (…) »[32].

III.1.2. Faible indice d'accès numérique

D'après le MINEPAT, l'Indice d'Accès Numérique en 2002 « a été estimé à 0,16 pour le Cameroun ; ce qui classait le pays dans la dernière catégorie, à savoir celle des pays à accès faible. La cible à l'horizon 25-30 ans est de passer à la catégorie d'accès moyen avec un indice d'accès numérique situé entre 0,4 et 0,5. ». Cet indice

---

[32] Source : www.mintp.cm/fr/news/148/54/preparation-budget-2014 consulté le 14 décembre 2016.

mesure la capacité globale des individus à accéder et à utiliser les technologies de l'information et de la communication.

Par ailleurs, *l'Alliance For Affordable* (A4A)[33] Internet a publié en 2014 son rapport sur le niveau de pénétration de l'Internet et la qualité des communications dans 51 pays dans le monde. Le Cameroun y occupe le 17e rang sur le plan africain, avec seulement 25,6% de la population connectée à Internet. En Afrique, le Rwanda vient en tête de ce classement des pays les plus connectés avec 51,6% de la population connectée, ensuite le Nigeria avec 51,2%, et le Maroc 50,8%.

III.1.3. Les préjugés ou mythe de la suprématie occidentale ou complexe d'infériorité de l'Africain

Ce que nous appelons « mythe de la suprématie occidentale ou complexe d'infériorité de l'Africain » est l'expression de plusieurs conceptions propres aux africains en général et aux camerounais en particulier. Le citoyen ordinaire, pour exprimer parfois son émerveillement face à une réalisation occidentale s'exclame d'habitude : « Le blanc est fort ! » ; « l'homme blanc nous dépasse ! ».

Ces préjugés aux relents d'aveux d'incapacité à une saine compétition internationale, constituent à n'en point douter, une entrave structurelle forte et puissante au développement de l'économie du savoir au Cameroun. D'où la nécessité d'une résurgence de l'esprit de créativité, d'innovation et de fierté culturelle africaine que nos ancêtres ont manifesté pendant de longs siècles de domination du monde comme ce fut le cas dans l'Egypte

---

[33] Une coalition regroupant 70 grands groupes spécialisés dans le domaine des TIC comme Facebook, Yahoo, Microsoft, Google et Ericsson.

antique. Il s'agit de la résurgence et de l'application d'une « pensée stratégique africaine ».

Voilà pourquoi il nous paraît important, afin de mieux asseoir le principe du développement d'une « pensée stratégique africaine », de revenir sur certains résultats des travaux de Cheick ANTA DIOP qui insiste, entre autres, sur *la restauration de la conscience historique africaine.* (Anta Diop, 1981). Cette restauration implique que l'égyptologie soit développée en Afrique Noire et que la civilisation nubio-égyptienne soit revisitée dans tous les domaines par les Africains eux-mêmes.

Pour l'auteur, « *Seul l'enracinement d'une pareille discipline scientifique [l'égyptologie] en Afrique Noire amènera à saisir, un jour, la nouveauté et la richesse de la conscience culturelle que nous voulons susciter, sa qualité, son ampleur, sa puissance créatrice* ». L'Egypte ici est prise en référence dans la mesure où elle est « *la mère lointaine de la science et de la culture occidentale [...], la plupart des idées que nous bâtissons étrangères ne sont souvent que les images, brouillées, renversées, modifiées, perfectionnées, des créations de nos ancêtres (...)* ». Anta Diop renchérit en précisant que les religions monothéistes que sont le judaïsme, le christianisme, l'islam et les connaissances sur la dialectique, théorie de l'être, sciences exactes, arithmétique, géométrie, mécanique, astronomie, médecine, littérature (roman, poésie, drame), architecture, arts, etc. ne sont pas une création du monde occidental. En effet, « *Autant la technologie et la science moderne viennent d'Europe, autant dans l'Antiquité, le savoir universel coulait de la Vallée du Nil vers le reste du monde, et en particulier vers la Grèce, qui servira de maillon intermédiaire. Par conséquent, aucune pensée n'est par essence étrangère à l'Afrique, qui fut la terre de leur enfantement.* » Pour Anta Diop, « *L'Africain qui nous a compris est celui-là qui après la lecture de nos ouvrages, aura senti naître en lui un nouveau homme, animé d'une conscience historique, un vrai créateur, un Prométhée porteur d'une nouvelle civilisation et parfaitement conscient de ce que la terre entière doit à son génie ancestral dans tous les domaines de la science, de la culture et de la religion ».* (Anta Diop, 1981).

Voilà en ce qui nous concerne, la base primordiale de la nouvelle approche que nous avons de la mondialisation et du positionnement de l'Afrique dans la géo-économie, la géopolitique et la géostratégie mondiale. Grâce aux travaux de nos devanciers, nous savons que les Africains que nous sommes ont été à l'origine de la majorité des concepts et des enseignements qui soutiennent aujourd'hui les innovations et évolutions technologiques modernes. L'Afrique a toujours apporté et continuera d'apporter sa contribution au « rendez-vous du donner et du recevoir » du carrefour mondial des nations. Il s'agit donc pour les Africains, de prendre conscience de leurs avantages en ressources naturelles (sols et sous-sols) et de leur héritage anthropologique de la connaissance et de la science, fondements des théories modernes de l'innovation et du développement dont se prévalent aujourd'hui les nations occidentales et orientales. Cela permettra d'asseoir les bases d'un positionnement réussi sur le triple plan géoéconomique, géopolitique et géostratégique en vue d'une véritable résurgence de l'économie du savoir en Afrique. Nous prônons à cet effet la renaissance et l'émergence d'une nouvelle pensée stratégique africaine.

Sur un plan plus pratique, bien que faisant de plus en plus face à une domination des systèmes financiers sur les systèmes industriels comme indiqué au chapitre précédent, nos États devraient adopter la politique du commerce administré (*Managed Trade*) basé sur la création d'industries de hautes technologies. Ces types d'industries, pour être efficaces, ont besoin d'un système d'éducation et de formation plus centré sur les mathématiques, la physique, la chimie et des autres sciences appliquées et expérimentales. Les industries de hautes technologies constituent des foyers de « fabriques d'externalités » dans la mesure où ces industries contribuent à améliorer la rentabilité des autres secteurs de production. Une telle politique s'appuierait sur le fait que l'Afrique constitue à elle toute seule un marché potentiellement important du futur. En effet, des études[34] de l'UNICEF montrent qu'en 2050, un quart de la population mondiale sera africaine et le Nigeria[35] sera le quatrième pays le plus peuplé du monde.

III.2. Causes conjoncturelles

Nous pensons humblement que les causes conjoncturelles sont celles qui peuvent disparaître à tout moment de façon quasi-immédiate. Il s'agirait par exemple d'une nouvelle loi ou d'un décret présidentiel prescrivant la restructuration du système éducatif camerounais ou instituant de nouveaux programmes de formation dans nos écoles et universités. Une autre cause conjoncturelle est la faiblesse des crédits budgétaires pour les dépenses en matière de recherche et développement. Enfin, la non-pratique des activités d'intelligence économique par l'État camerounais et ses entreprises constitue une entrave majeure au développement de l'économie du savoir au Cameroun.

---

[34] www.lemonde.fr/planete/article/2014/08/12/en-2050-un-quart-de-la-population-sera-africaine_4470663_3244.htlm
consulté le 16 décembre 2016 à 05h35.
[35] www.rfi.fr/afrique/20150820-afrique-connaitre-forte-croissance-demographique-2050-nigeria-monde
du 16/12/16.

III.2.1. Des programmes d'enseignement inadaptés

Le système éducatif camerounais actuel est régi par la loi N° 98/004 du 14 avril 1998. Trois niveaux d'enseignement, qui semblent offrir des programmes d'enseignement inadaptés (si nous nous en tenons au taux de chômage observé dans la population des diplômés de nos universités) aux problèmes de développement économique du Cameroun y sont prévus : le primaire, le secondaire (1er et 2e cycle), et le supérieur (études universitaires).

L'un des obstacles structurels majeurs à l'économie du savoir au Cameroun réside dans la proposition des programmes d'enseignement inadaptés aux besoins réels et pratiques de l'économie camerounaise. Au XVIe siècle, un auteur déclarait déjà que « Mieux vaut une tête bien faite qu'une tête bien pleine »[36]. Cette assertion rejoint celle de Clemenceau[37] qui, opposant deux hommes politiques avec lesquels il avait collaboré, affirmait : « Pointcaré sait tout, mais il ne comprend rien ; Briand, lui, ne sait rien, mais il comprend tout. »

Ces différentes boutades caractérisent le système éducatif camerounais qui semble, dès l'enseignement primaire, se focaliser sur des généralités telles que la géographie, l'histoire, les lettres modernes, la grammaire, etc. pendant les 10 premières années d'études de l'élève (6 ans au primaire et 4 ans au 1er cycle du secondaire) au lieu de mettre l'accent sur les mathématiques appliquées, les sciences expérimentales telles que l'agriculture, l'élevage, l'agro-industrie, la physique, la chimie, et l'informatique. Il est vrai que de plus en plus, l'enseignement de

---

[36] Michel Eyquem de Montaigne, ESSAIS. Philosophe, moraliste et écrivain – 1533 à 1592.
[37] Georges Clemenceau. Homme d'État français, journaliste, médecin et académicien – 1841 à 1929.

l'informatique et des mathématiques appliquées est dispensé dans les écoles primaires camerounaises bien que sa récurrence demeure cependant résiduelle. Aussi, le nouveau système dit d'approche par les compétences consacre la focalisation des enseignements sur les atouts que l'environnement géographique et socio-culturel offre à l'apprenant. Cependant, cette approche semble ne pas résoudre le problème de l'adaptation des enseignements aux besoins réels du système industriel dont a besoin le Cameroun pour se développer.

En juin 2009, le Ministère de l'Economie, de la planification et de l'Aménagement du Territoire (MINEPAT) indiquait, dans une de ses publications intitulée « Cameroun : vision 2035 », que « il s'agira, notamment dans le secteur de la santé, de passer de 7 médecins pour 100.000 habitants à 70 médecins pour 100.000 habitants. Des progrès semblables devront être réalisés dans la formation des enseignants dans tous les cycles et dans la formation des ingénieurs (TIC, Génie Civil, pétrochimie, mines, génie des procédés, agronomes, industries animales, …). ». Pour ce qui est de l'employabilité des jeunes, le MINEPAT estimait que « de 5% actuellement, la proportion des élèves dans les filières scientifiques et technologiques doit passer à 30% » à l'horizon 2035.[38]

III.2.2. Faible allocation des budgets pour les dépenses de R & D

L'allocation des lignes budgétaires réduites pour les dépenses liées à la recherche et au développement dans le budget de l'État et dans les entreprises constitue une cause majeure de sous-développement de l'économie du savoir au Cameroun.

---

[38] Pages 22-27.

D'après la loi de règlement de l'année 2015 publiée par le quotidien *Cameroon Tribune* du 16 décembre 2016, les dépenses totales engagées par l'État du Cameroun ont été évaluées à 3.819,71 Milliards de FCFA tandis que les dépenses liées aux activités de Recherche et Développement étaient de 13,8 milliards de FCFA. Soit un taux de 0,36% seulement des dépenses allouées à la R&D au Cameroun en 2015. Dans les pays où l'économie du savoir connaît une envolée certaine, les politiques publiques allouent au moins 3% de leurs dépenses budgétaires aux activités de R&D, véritables cheval de bataille des économies compétitives et prospères. C'est le cas de la politique stratégique de croissance de l'Union Européenne à l'horizon 2020.

D'après un article du journal le Figaro publié sur son site[39] le 13/11/2014 par Marie Bartnik, « Pékin accroît progressivement ses dépenses de recherche et développement (R&D), au point de talonner aujourd'hui l'Union Européenne, relève l'OCDE dans un rapport consacré à l'innovation. En 2012, la Chine a consacré 1,98% de son PIB à la R&D, soit 256 milliards de dollars (près de 40 fois le budget du Cameroun !), contre 2,07% en Europe (282 milliards), 2,79% aux États-Unis (397 milliards), et 3,35% au Japon (133 milliards). Alors que les dépenses de R&D des économies développées étaient affectées par la crise économique, celles de l'Empire du milieu ont doublé entre 2008 et 2012. Ces investissements représentaient 6% des dépenses mondiales en 2002 mais près de 20% en 2012. Si bien que la Chine, qui s'est fixée pour objectif de consacrer 2,5% de son PIB à l'innovation en 2020, devrait accéder au premier rang mondial des dépenses en R&D, en valeur, autour de 2019. »

---

[39] (www.lefigaro.fr/conjoncture/2014 consulté le 15 novembre 2016).

III.2.3. Inexistence de la pratique de l'intelligence économique et des structures de promotion de cette nouvelle arme de développement économique

Au-delà de la définition du concept d'intelligence économique que nous avons proposée plus haut dans cet ouvrage, il est important de souligner que l'allure et les pratiques de l'entreprenariat camerounais public et privé ne semblent pas découler des exigences des grandes mutations économiques mondiales imposées à toutes les organisations modernes. En effet, « La mondialisation de l'économie s'est accompagnée d'une intensification de la concurrence qui confère désormais à la connaissance et à l'information une dimension stratégique » (Fokam K., L'entreprise africaine et la mondialisation, 2010, pp. 65-99).

Au Cameroun, l'État, à travers ses administrations, n'a pas pour habitude de constituer des équipes de veille ou d'offensive économique qui puissent lui permettre de surveiller, de copier, de capitaliser, et de reproduire « intelligemment » et efficacement les expertises et les savoir-faire en matière d'innovations scientifique et technologique. Il est vrai que certains jeunes camerounais, en essayant de tirer profit de la mondialisation des nouvelles technologies de l'information et de la communication (NTIC) se distinguent depuis quelques années avec des inventions et innovations technologiques telles que le *Cardiopad*[40] de Arthur Zang dont l'utilité est de procéder à des consultations médicales à distance.

L'inexistence d'un système d'intelligence économique qui puisse permettre de dresser des « profils d'intention et de capacité » de tous les concurrents internationaux ou de faire

---

[40] Ingénieur informaticien et Inventeur camerounais né le 26 novembre 1987. Président Directeur Général de Himore Medical Equipments.

des « rapports d'étonnement », constitue une barrière sérieuse à la capacité d'anticipation et de compétitivité de l'économie et de la politique industrielle camerounaise. Pour illustration, du fait d'un environnement naturel défavorable (séismes répétés), le Japon a décidé de placer aux sommets des collines des réseaux de guetteurs chargés de prévenir les villages en cas de risque de catastrophes naturelles. De même, la dépendance énergétique du Japon lui a permis de développer une ingénierie stratégique de l'information qui aujourd'hui constitue un modèle d'intelligence économique exporté à travers le monde. C'est à partir de cette ingénierie stratégique de l'information que le Japon a mis sur pied l'Institut pour la Protection Industrielle chargé de former de jeunes cadres aux techniques de protection et d'acquisition du patrimoine informationnel. (Schweiser, 1993).

En Grande Bretagne, un ancien responsable des services secrets avait été nommé comme directeur général de l'entreprise pétrolière *Anglo Persan Oil* afin de contrecarrer les ambitions européennes de la multinationale américaine *Standard Oil*.

Pour le cas allemand[41] (Martre, 1994), l'économie s'est développée grâce à un partage stratégique de l'information par les principaux centres de décisions que sont : l'État, les banques, les maisons de commerce, et les entreprises. Des techniques offensives de conquête des marchés ont été pratiquées. « Pour être concurrentiels sur les marchés européens et américains, les cartels allemands du début du siècle ont élaboré leurs tactiques de pénétration des marchés extérieurs avec la minutie d'un plan d'état-major. Les consuls étaient souvent d'anciens hommes d'affaires prêts à soutenir activement les entreprises de la mère patrie » : c'est la totale croyance en la notion de « patriotisme économique ». C'est aussi la pratique de la

---

[41] Développé par le Commissariat au Plan Français en 1994.

diplomatie « *business – oriented* » c'est-à-dire une diplomatie au service de l'économie.

Les chinois quant à eux ont développé un système d'intelligence économique qui implique toutes les forces vives de « l'empire du milieu » ; à titre illustratif, les touristes et étudiants chinois à travers le monde sont particulièrement habitués à prendre des photos et des vidéos de tout ce qu'ils voient à l'étranger. Ensuite, ils compilent ces informations et les mettent à la disposition de l'État. Remettez votre clé USB à un chinois en lui demandant de prendre un document précis, il copiera tout ce qui s'y trouve. Que cela lui soit utile ou non. C'est une question de culture d'intelligence économique.

Les industriels chinois copient ainsi et reproduisent tous les produits que les entreprises étrangères fabriquent. Il s'agit ainsi de la veille technologique où l'information n'est plus considérée de façon excessive (cas du Cameroun ?) comme une source de pouvoir. C'est aussi le cas de l'élimination des règles excessives et des pratiques administratives trop rigides en matière de confidentialité, puisque l'information doit être mise à la disposition de toutes les entreprises nationales pour une meilleure compétitivité vis-à-vis des marchés extérieurs.

III.3. Structuration du Système Financier Camerounais

La structuration du système financier camerounais actuel est une conséquence de l'évolution des trois régimes financiers qui ont été appliqués au Cameroun avant même les « indépendances ». Il y a eu en premier lieu le régime financier des colonies en 1912. Ensuite, le régime financier institué par l'ordonnance N° 62/OF/4 du 07 février 1962, et enfin le régime financier consacré par la loi N° 2007/006 du 26 décembre 2007.

Le régime financier des colonies était caractérisé par l'adoption du budget des colonies au niveau du parlement français. « Ce régime financier place l'autonomie administrative et financière des colonies à la base des réformes, notamment la cohabitation du système financier de l'État colonial avec le système financier territorial local. » (Ele Aitkins, 2015, p. 31). Le régime financier de 1962 introduit l'existence et le fonctionnement du système bancaire à travers la Banque Camerounaise de Développement en ce qui concerne la caisse des investissements[42].

Dès 2007, les pouvoirs publics camerounais décident d'adopter un nouveau régime financier qui intègre davantage les exigences modernes en matière de finance publique en mettant l'accent sur la programmation du budget et la recherche de la performance. Cependant, nous pouvons dire par ailleurs, qu'avec la création de la monnaie utilisée au Cameroun, le Franc CFA[43] le 26 décembre 1945, la création de la Banque des États de l'Afrique Centrale (BEAC) en 1972 et son entrée en fonctionnement en 1973, le système financier camerounais est contrôlé et dominé par un pays tiers en tant qu'ancienne nation ayant eu le Cameroun sous mandat selon l'accord de la Société des nations (mère de l'Organisation des Nations Unies) le 4 mars 1916.

Théoriquement, le système financier est l'ensemble des marchés et intermédiaires qui sont utilisés par les agents économiques (ménages, entreprises, États) pour mener à bien leurs opérations financières telles que le paiement

---

[42] Chapitre VI : La caisse des investissements, Article 304 de l'ordonnance N° 62/OF/4 du 07 février 1962
[43] Colonies Françaises d'Afrique avant de devenir Communauté Financière Africaine (en Afrique de l'Ouest) et Coopération Financière pour l'Afrique Centrale.

pour l'achat ou la vente de biens et services, la sauvegarde ou épargne des ressources financières, le placement des ressources financières, et les transferts de propriété des ressources financières. De façon plus technique, le système financier inclut les banques, les compagnies d'assurances, les marchés d'actions, les marchés d'obligations et des autres titres financiers. (Zvi & Merton, 2011, p. 25).

Le système financier camerounais représente environ la moitié des actifs financiers de la sous-région CEMAC. Il est caractérisé par une surliquidité des banques qui sont pour la majorité, des filiales des banques multinationales françaises et africaines. Pour certains analystes, « les institutions non bancaires jouent un rôle mineur dans le pays, et le régime public d'assurance et des retraites éprouve des difficultés, tandis que la caisse d'épargne postale publique et l'institut de crédit foncier sont devenus insolvables. Le problème de l'application légale des garanties et le régime foncier entravent l'utilisation de l'immobilier comme garantie contraignant davantage l'expansion du secteur financier. »[44]

Trois banques camerounaises (soit 40% des banques) ont été mises sous administration provisoire en 2009. Ce qui est un indicateur pertinent de la mauvaise gouvernance observée dans le management des banques au Cameroun en général, malgré les efforts de surveillance de la Commission Bancaire de l'Afrique Centrale (COBAC) à travers ses ratios prudentiels de gestion.

---

[44] Articlé publié le 13 mai 2016 sur www.mfw4a.org et consulté le 24 novembre 2016 à 18h49.

III.3.1. Financement du secteur public par la politique budgétaire

Le Cameroun a décidé d'adopter une politique de budget équilibré dont le principe est de ne pas dépenser plus qu'on ne gagne. Cependant, la plupart des économistes (Mankiw N., 2010, pp. 581-612) ne sont pas d'accord avec ce principe et estiment qu'un déficit budgétaire contribue à :

- La Stabilisation de l'économie : « le respect strict d'une règle de budget équilibré exigerait du gouvernement qu'il augmente les impôts ou qu'il réduise ses dépenses en période de récession, ce qui aggraverait la dépression de la demande agrégée. » ;
- Un lissage fiscal : « pour lisser les taux de prélèvement, il faut accepter un déficit lorsque les revenus sont exceptionnellement faibles (récession) et lorsque les dépenses sont exceptionnellement élevées (guerres). » ;
- Une redistribution intergénérationnelle : il s'agit de défendre la thèse selon laquelle « si les générations actuelles mènent une guerre au nom de la liberté, les générations futures en bénéficieront également et doivent, pour cette raison, partager la charge budgétaire de cette guerre. »

La loi N° 2007/006 du 26 décembre 2007 portant régime financier de l'État « fixe les conditions d'élaboration, de présentation, d'exécution et de contrôle de l'exécution de la loi de finances ». Cette dernière est l'outil par lequel la politique budgétaire du Cameroun est exprimée. La politique budgétaire peut ainsi être définie comme étant la façon donc l'État entend conduire sa politique des recettes et dépenses prévisionnelles au cours d'une période donnée. Nous présentons ci-dessous les ressources et dépenses budgétaires telles que prise en compte dans les différentes lois de finance des 10 dernières années au Cameroun.

A. Les ressources budgétaires

Il s'agit de toutes les entrées en numéraire et en nature que le trésor public peut enregistrer au courant d'un exercice. Les ressources budgétaires proviennent de la fiscalité, des aides, dons, legs, des produits de cession d'actifs et de produits financiers réalisés par l'État ou ses démembrements.

1. Les recettes fiscales

Il s'agit des recettes sur les impôts et taxes sur les revenus, les bénéfices et les patrimoines ; les impôts et taxes sur les biens et services ; les droits de douane ; les droits d'enregistrement et de timbres ; les autres recettes fiscales.

2. Les recettes courantes non fiscales

Nous y comptons : les productions et services vendus par les services à but non lucratif ; les revenus des domaines ; les revenus provenant des entreprises ; les produits financiers de l'État ; les autres recettes non fiscales.

3. Les transferts, cotisations, dons et legs

Les cotisations aux caisses de retraite et aux caisses de protection sociale ; les dons de la coopération internationale ; les amendes et condamnations pécuniaires ; les produits et profits à caractère exceptionnel ; les fonds de concours ; les legs.

4. Les recettes en capital

Les ventes d'actifs incorporels ; les cessions des domaines ; les autres ventes de terrains ; les autres ventes d'actifs corporels ; les cessions d'actions et participation.

5. Les recettes sur opérations financières

Les cessions d'obligations et autres titres financiers ; les remboursements des prêts et avances consentis par l'État ; les tirages sur emprunts à moyen et long terme.

B. *Les charges budgétaires*

Les charges budgétaires regroupent essentiellement les dépenses courantes dites de fonctionnement, les dépenses d'investissement, et les dépenses sur opérations financières réalisées par les pouvoirs publics et leurs démembrements.

1. Les dépenses courantes

Il s'agit des consommations de biens et services ; des salaires et autres dépenses de personnel ; des intérêts et autres charges financières ; des transferts courants et des subventions de fonctionnement ; des autres charges et opérations de répartition.

2. Les dépenses d'investissement

Les dépenses d'investissement regroupent : les immobilisations de l'État ; les subventions d'investissement ; les achats d'actions et prises de participation.

3. Les dépenses sur opérations financières

Cette ligne enregistre : les souscriptions et achats d'obligations ; les prêts et avances ; les remboursements de la dette à moyen et long terme ; les remboursements des avances et emprunts à court terme à plus d'un an.

Au Cameroun, le déficit budgétaire s'est largement détérioré, allant au-delà de 5% du PIB à cause de la persistance de la baisse des cours des matières premières en général et du pétrole en particulier. Cette situation a eu pour effet un ralentissement des dépenses d'investissements. Il faut dire que chaque année, un « Objectif de Refinancement » de l'économie est arrêté par l'Autorité Monétaire (Ministre des Finances). Cet objectif désigne le potentiel de financement que la banque centrale peut accorder aux établissements de crédit, sans que ne soit remis en cause les grands équilibres macro-économiques : il s'agit du financement des secteurs privé et public.

III.3.2. Financement des secteurs privé et public par le biais de la politique monétaire

La Banque des États de l'Afrique Centrale (BEAC) indique que « la politique monétaire consiste à mettre à la disposition de l'économie des moyens de paiement en quantité nécessaire et suffisante pour favoriser la croissance et le plein emploi, dans la stabilité des prix et tout en veillant à la parité externe de la monnaie »[45]. La politique monétaire pratiquée par le Cameroun est conduite par la BEAC. Cette politique est basée sur le principe des taux d'intérêt directeur de la BEAC dont le niveau est déterminé, dit-on, par la loi de l'offre et de la demande de monnaie au niveau national, pour la couverture de la monnaie et la stabilité des prix ou lutte contre l'inflation au sein de la zone CEMAC[46].

Le Franc CFA étant désormais arrimé à l'Euro à travers le Trésor Public français, la politique monétaire de la BEAC a continué depuis 1990 à se focaliser sur la politique des taux d'intérêt, la mise en place des règles prudentielles de gestion au niveau des banques avec le fonctionnement de la COBAC, et la mise en place du marché monétaire et de la programmation monétaire.

---

[45] www.beac.int/index.php/politique-monetaire-de-la-cemac consulté le 20 janvier 2017 à 22h05.
[46] Communauté Economique et Monétaire des États de l'Afrique Centrale.

« Si pour les uns, l'arrimage monétaire a permis à ces pays africains d'avoir une monnaie exceptionnellement stable en jugulant la tentation de la 'planche à billet', pour les autres, cette dépendance monétaire prive ces pays du libre usage d'un des instruments les plus importants de toute politique économique à savoir, la politique monétaire » (Fouda Ekobena, 2013).

Par conséquent, nous constatons que les pays de la zone CEMAC et par ricochet le Cameroun, ne sont pas souverains en ce qui concerne leur politique monétaire. Tous les financements qui sont ainsi accordés au sein de cet espace économique sont de nature à s'assurer que la politique monétaire ne puisse pas permettre une indépendance véritable de nos pays vis-à-vis de l'empire colonial, qui continue de conserver, sur la base d'accords monétaires surannés et attaquables, 50% de nos réserves des changes (hormis les ressources pour la trésorerie courante et celles provenant des transactions avec le Fonds Monétaire International) auprès d'un Trésor Public, sur un compte dit d'opérations et dont les intérêts bénéficient au Trésor Public en question.

C'est sur la base des taux d'intérêt directeur de la banque centrale que les financements de l'économie camerounaise s'opèrent. Procédons donc à une analyse du système financier camerounais afin de mieux évaluer sa capacité à financer les investissements et l'industrialisation.

Chapitre IV
Analyse et évaluation du système financier camerounais

> « *Il n'y a pas de manière plus subtile, plus sûre et plus discrète de renverser l'ordre existant [d'un pays] que de vicier sa monnaie [ou son système financier].* »
> (Keynes J., 1919)

Notre analyse du système financier camerounais est celle d'un ensemble de sous-systèmes constitués de personnes morales et individuelles, d'institutions publiques, parapubliques et privées, de législation et règlementation pratique qui régissent, animent et donnent vie au système tout entier. Le système financier camerounais est ainsi soumis à des influences politiques et socio-économiques de la sous-région Afrique Centrale. Il est aussi influencé des acteurs de la scène politique et socio-économique d'un partenaire traditionnel et du restant de la communauté internationale. Ces influences affectent les forces et les faiblesses du système financier camerounais et peuvent aussi constituer dans bien des cas, des menaces ou des opportunités à son développement.

IV.1. Analyse des forces, faiblesses, opportunités, et menaces du Système Financier Camerounais

Nous avons choisi d'utiliser la méthode SWOT[47] pour analyser les atouts et les manquements du système financier camerounais, autant sur le plan endogène (forces et faiblesses) que sur le plan exogène (opportunités et menaces).

IV.1.1. Forces

Les principales forces du système financier camerounais peuvent être trouvées d'une part dans la renaissance et l'émergence d'une pensée stratégique africaine en général et camerounaise en particulier, et d'autre part dans l'importance du poids stratégique du Cameroun au sein de la zone CEMAC.

A. La renaissance et l'émergence d'une nouvelle pensée stratégique africaine

Les positions économiques, soutenues par l'économiste David Ricardo avec sa théorie des avantages comparatifs dont le but était d'encourager les échanges de biens entre les États pour un accroissement des richesses, sont de nos jours remises en cause. En effet, il est loisible de constater avec froideur que le positionnement géopolitique et l'instauration d'un rapport de force favorable à la métropole dans ses relations avec les pays du Sud se sont faits par le biais de la colonisation, avant de se poursuivre par l'imposition d'une fabrication de nos systèmes éducatifs et religieux. Ensuite, nous avons assisté à l'imposition des politiques des institutions de Bretton Woods après la deuxième guerre mondiale, la signature des accords monétaires et militaires, les Programmes d'ajustement structurels (PAS) et plus récemment, la

---

[47] Strengh, Weaknesses, Opportunities, Threats.

signature des Accords de Partenariat Economique (APE) avec l'Union Européenne.

Toutes ces mesures, qui ont été pour la plupart acceptées par certains de nos dirigeants qualifiés d'égocentriques, avides de pouvoir, d'argent, et de gloire au détriment du bien-être de leurs populations, ont contribué (heureusement !) à semer dans l'esprit d'une nouvelle catégorie d'hommes et de femmes en Afrique, la nécessité et l'urgence de développer une « pensée stratégique panafricaine ». Cette renaissance est proposée par Jean Emmanuel Pondi à la suite d'autres éminents penseurs africains tels que Cheick Anta Diop, dont le mérite a été de proposer aussi des perspectives pour une intégration réussie de l'Afrique dans le train de la mondialisation au début du XXIe siècle.

Par conséquent, bien que les pères de la « mondialisation à l'occidental » aient tout fait pour que celle-ci soit pour les peuples africains un autre piège, sans toutefois nous la présenter ouvertement ou officiellement comme tel, les adeptes d'une « pensée stratégique panafricaine » ont décelé en la mondialisation une litanie d'opportunités qui nous permettront plus tard de développer de nouvelles approches vis-à-vis de la mondialisation, de façon à permettre une meilleure insertion de l'Afrique dans ce « rendez-vous du donner et du recevoir » pour emprunter l'expression de Léopold Sédar Senghor. Dans le courant de cette nouvelle pensée stratégique africaine, l'une des préoccupations les plus actuelles est la nécessité de l'abandon ou de l'isolement du franc CFA comme monnaie dans le pré-carré français en Afrique noire. De plus en plus de chefs d'États, d'universitaires, de chercheurs, d'artistes et de célébrités africaines et européennes se prononcent publiquement sur l'abandon du franc CFA et la restructuration des systèmes financiers en

Afrique subsaharienne en général et au sein de la CEMAC en particulier.

B. La position et le poids stratégiques du Cameroun au sein de la CEMAC

D'après le journaliste Achile Mbog Pibasso[48], le poids économique du Cameroun représentait en 2010 « 52% du PIB de la CEMAC et un peu plus de 55% de la population totale, environ 20 millions d'habitants sur les 35 millions que compte la région. ». L'Annuaire Statistique du Cameroun en 2011 relève l'évolution de ce PIB entre 2006 et 2010 en présentant le tableau suivant :

---

[48] A travers un article publié en Juillet 2010 dans www.investiraucameroun.com et consulté le 03 novembre 2016 à 5h35.

Evolution du PIB par pays au sein de la CEMAC entre 2006 et 2010 (en milliards de francs CFA)

Pays	2006	2007	2008	2009	2010
Cameroun	9 698,8	9 817,0	10 979,3	11 284,6	11 920,1
Centrafrique	817,9	858,2	944,5	999,7	1 057,2
Congo	3 870,1	3 662,3	4 524,3	4 131,3	5 560,4
Gabon	5 111,0	5 608,8	6 465,9	5 407,5	6 782,6
Guinée Eq.	4 462,0	5 129,7	6 827,1	4 697,0	5 932,5
Tchad	3 357,6	3 296,4	3 737,4	3 255,9	4 320,5
CEMAC	27 317,4	28 372,40	33 478,50	29 775,9	35 573,3

Source : BEAC – Rapport annuel 2008 ; Banque de France – Rapports de la zone franc de 2007 à 2010

En 2015, le Cameroun comptait environ 23 millions d'habitants sur les 44,1 millions que compte la CEMAC. Grâce à son potentiel diversifié et riche en production agropastorale, le Cameroun est la mamelle nourricière de certains pays de la CEMAC à l'instar du Gabon et de la Guinée Equatoriale. Le pays est quasiment le seul de la sous-région qui exporte vers tous les autres pays de la CEMAC. Plus de 80% des importations du Tchad passent par le Cameroun depuis le port de Douala sur un tronçon de plus de 1 500 km. Il en est de même des importations de la République Centrafricaine. Le Cameroun détient aussi les meilleurs centres de formation de la sous-région à travers ses universités et grandes écoles.

IV.1.2. Faiblesses

Parmi les faiblesses les plus criardes du système financier camerounais, nous avons retenu le franc CFA, la politique budgétaire, le balbutiement de la bourse des valeurs et du marché financier, et le faible taux de bancarisation de l'économie.

A. Le franc CFA

Nous ne le dirons jamais assez, l'une des principales faiblesses du système financier camerounais réside dans sa monnaie actuelle qui est le franc CFA. Thomas Jefferson[49] disait que *« Celui qui contrôle l'argent de la nation, contrôle la nation ».* La souveraineté de l'État et du système financier camerounais est ainsi mise en cause car aucun pays ne peut prétendre être souverain s'il n'émet pas lui-même sa monnaie sans intérêt et sans dette. C'est dans ce sens que Meyer Amschel Rothschild, le fondateur de la plus grande dynastie bancaire en Europe déclare : *« Permettez-moi d'émettre la monnaie d'une nation, et je me fiche de qui fait ses lois ».*

Le franc CFA est une monnaie fabriquée à Chamalières, une localité située dans la région de Clermont-Ferrand d'un pays tiers. Au-delà des « avantages » énoncés tels que le principe de la libre convertibilité du franc CFA (alors que cette monnaie ne peut se convertir ni en Europe, ni en Amérique, ni en Asie, ni en Océanie), la fixité de parité entre le franc CFA et l'Euro (1 Euro = 655,957 FCFA) qui soutiendrait que le FCFA est une « monnaie forte » est tout aussi « avantageuse » et contraire aux lois

---

[49] Troisième président américain de 1801 à 1809.

du capitalisme. Soulignons que 1 Euro = 26.855 Dong Vietnamien[50] ; 1 Euro = 1.500 Won de Corée du Sud ; 1 Euro = 14.500 Rial Iranien[51] ; Toutes ces nations (ayant manifestement des « monnaies faibles » par rapport au Franc CFA) ont un développement à des années lumières du Cameroun malgré le fait que ce dernier bénéficie d'une « monnaie forte ».

Par ailleurs, le fonctionnement du compte d'opération qui reçoit 50%[52] des avoirs extérieurs des pays de la zone franc est une aberration, un acte de terrorisme monétaire, un acte de recel réprimandé par tout code pénal sérieux, et une atteinte à la souveraineté et à la démocratie du Cameroun.

B. Le faible niveau d'activités de la bourse des valeurs et du marché financier de l'Afrique Centrale et du Cameroun

Des analystes estiment que la CEMAC est privée d'un véritable marché financier depuis plus de 15 ans, du fait de la lutte de leadership entre le Cameroun et le Gabon. En effet, par l'acte additionnel N° 11/00-CEMAC-CCE-02 de la conférence des chefs d'États de la CEMAC du 14 décembre 2000 tenue à N'Djamena au Tchad, la ville de Libreville au Gabon avait été désignée pour accueillir le

---

[50] Le Vietnam est 2e exportateur mondial du riz d'après l'AFD qui publie sur http://www.afd.fr/webdav/shared/PORTAILS/PAYS/VIETNAM/fiches-projets/Fiche%20-%20PRCC.pdf, article consulté le 20/03/17 à 17h37.
[51] L'Iran est une puissance nucléaire en devenir d'après http://www.lemonde.fr/les-decodeurs/article/2015/07/14/tout-ce-que-vous-devez-savoir-sur-l-accord-conclu-a-vienne-sur-le-nucleaire-iranien_4682968_4355770.html, consulté le 20/03/2017 à 17h40.
[52] De 1945 à 1973, le partenaire traditionnel exigeait que 100% de ces avoirs soient déposés dans le compte d'opération logé dans son Trésor Public. De 1973 à 2005, le quota est passé à 65%.

siège de la bourse régionale des valeurs mobilières de la sous-région Afrique Centrale. Cependant, la CEMAC a plutôt assisté à la création de deux places boursières : la Bourse Régionale des Valeurs Mobilières de l'Afrique Centrale (BVMAC) au Gabon et la Douala Stock Exchange (DSX) au Cameroun. Ainsi, en fin 2014, le compartiment des actions au sein de cette place financière régionale « se résume en 1 société cotée à la BVMAC et de 3 sociétés cotées à la DSX, le tout pour une capitalisation boursière globale d'environ 170 milliards de F.CFA »[53]. Ce qui représente à peine 0,4% du PIB de la zone CEMAC.

A contrario, d'autres places financières en Afrique présentent des bilans plus reluisants :

- 39 sociétés cotées à la bourse régionale des valeurs mobilières de l'Union Monétaire Ouest Africaine (UEMOA) avec une capitalisation boursière supérieure à 7.500 milliards de FCFA (soit plus de 20% du PIB de la zone) ;
- 55 sociétés cotées à la Nairobi Securities Exchange (NSE) au Kenya pour une capitalisation boursière supérieure à 10.000 milliards de FCFA ;
- 187 sociétés cotées à la Nigerian Stock Exchange (NSE) avec une capitalisation boursière de plus de 60.000 milliards de FCFA.

Il est vrai que nous avons assisté à des émissions obligataires des États et de quelques entreprises comme la BGFC Bank et Alios Finance mais il n'en demeure pas moins qu'en comparant cette sous-région à bien d'autres places boursières africaines, la CEMAC attend toujours son marché financier.

---

[53] www.mays-mouissi.com - Gabon-Cameroun : le conflit de leadership qui prive la CEMAC de la bourse des valeurs qu'elle mérite. Consulté le 18/12/2016.

C. La faible bancarisation de l'économie

En considérant que le taux de bancarisation représente la part de la population adulte ayant un compte bancaire, il faut dire de façon générale que ce taux est élevé pour les pays développés et bas pour les pays en développement. Selon le rapport annuel 2014 de la COBAC, le système bancaire de la CEMAC comptait 50 banques en activité dont 13 au Cameroun (14 actuellement avec l'agrément donné à la Banque Camerounaise des Petites et Moyennes Entreprises), 4 en Centrafrique, 10 au Congo, 10 au Gabon, 5 en Guinée Equatoriale et 8 au Tchad. Si nous retenons (comme le laisse penser le rapport de la COBAC en 2014) que le nombre de guichets de banque ouverts (218 au Cameroun) dans un pays est un indicateur sérieux du nombre de personnes pouvant détenir un compte en banque (c'est-à-dire la population adulte soit 45%[54] des 22 millions d'habitants au Cameroun), en isolant l'hypothèse de l'E-banking ou banque sur internet, nous pouvons calculer pour le Cameroun un ratio de 0,22 guichet de banque pour 10.000 personnes.

D'après un article publié dans un site de la Banque Mondiale (www.banquemondiale.org), sur la base d'une étude réalisée par Global Findex, « entre 2011 et 2014, le pourcentage d'adultes ayant un compte bancaire est passé de 51 à 62%, une tendance qui s'explique par la hausse de 13 points de pourcentage du taux de détention de comptes bancaires dans les pays en développement et par le rôle de la technologie. ». Global Findex a publié en 2013 des données qui indiquent que 89% des adultes en occident ont des comptes bancaires contre 41% dans les pays en développement. Pour les cartes de crédit, seulement 7% des adultes en détiennent dans les pays en développement

---

[54] Ce taux obéit aux projections faites sur le 3ᵉ recensement général de la population du Cameroun en 2010.

contre 50% en occident. Jérôme Porier publie en juillet 2015 un article dans le site web du journal Le Monde (www.lemonde.fr) où il indique que « alors que les pays de l'Organisation de coopération et de développement économiques ont un taux de bancarisation proche de 100%, ce taux tombe à moins de 20% dans les pays les moins développés en Afrique subsaharienne (…) ».

IV.1.3. Menaces

Comme principales menaces, nous distinguons le déficit des finances publiques, une éventuelle nouvelle dévaluation du franc CFA, et les effets de la « mauvaise mondialisation ».

A. Le déficit des finances publiques

Considérons le déficit des finances publiques dans les pays développés d'une part et au Cameroun d'autre part. A l'illustration, le déficit des finances publiques en Grèce, au Portugal, en Espagne ou en France - qui a été déclassée depuis 2011 du rang des pays les plus sûrs en matière de soutenabilité de sa dette - par exemple entraîne une remontée des taux d'intérêt sur les marchés financiers. Ce qui par ricochet a une incidence négative sur le coût de l'argent dans les pays en développement et particulièrement au Cameroun.

En effet, la France a besoin de s'endetter auprès des marchés financiers pour financer son déficit public. Cet endettement est fait à des taux plus élevés du fait de la mauvaise note attribuée à ce pays par des agences de notation financière. Ainsi, en revenant au Cameroun pour apporter des prêts « non souverains » ou des « aides » à travers l'Agence Internationale de Financement, le Cameroun recevra des financements à un coût bien plus élevé que celui du marché. Voilà la supercherie derrière le financement de l'économie camerounaise par des fonds ou « aides » de certaines nations dites développées.

B. De nouvelles dévaluations du franc CFA

Dans l'émission « Eco d'ici, Eco d'ailleurs » sur les antennes de Radio France Internationale le 12 novembre 2016, l'économiste et ancien ministre de la Prospective du Togo, Kako Nubukpo indique que les réserves de change des pays de la CEMAC ont baissé de 13% sur un an du fait de la baisse des cours du pétrole dont ces économies sont fortement dépendantes. Par conséquent, l'on ne parlera plus bientôt de réserves massives auprès du Trésor Public français (du fait des accords du compte d'opération) mais plutôt d'absence de réserves. Ce qui pourrait justifier une nouvelle dévaluation du franc CFA par rapport à l'Euro.

Le spectre d'une nouvelle dévaluation du fait aussi des difficultés financières (déficit constant de ses finances publiques) d'un pays ami, partenaire traditionnel, constitue une menace sérieuse pour le système financier camerounais. En effet, la dévaluation du franc CFA augmenterait l'encours de la dette extérieure du Cameroun et réduirait le rythme d'industrialisation et de réalisation des projets structurants dans le pays.

C. La « mauvaise mondialisation »

L'observateur non averti verrait la mondialisation sous le prisme de la définition proposée par le dictionnaire Larousse comme étant le fait pour une politique, une économie, une activité, une culture ou un peuple de devenir « mondial », c'est-à-dire de s'étendre au-delà des barrières territoriales ou géographiques d'un pays. Il ne serait pas superflu de relever que l'historien Fernand Braudel a développé le concept d'économie monde pour montrer que les premiers signes de la mondialisation remontent à l'ère du système économique international des empires espagnols et britanniques.

Cependant, dès l'antiquité, des échanges de biens et de services sont présents au sein des cités marchandes à travers l'Europe, l'Océan indien et l'Afrique. Cette observation pourrait même remonter plus loin dans le temps, comme l'a démontré Cheick Anta Diop avec les mouvements de personnes et les échanges de biens, de connaissance et de science entre l'Egypte antique et le reste du monde représenté à cette époque par la Grèce.

Néanmoins, les auteurs occidentaux situent le début de la mondialisation que nous pouvons considérer comme « moderne » à l'époque de la révolution industrielle de 1815. Il s'agirait là de la « première mondialisation » qui aurait couru jusqu'en 1914, date de la première guerre mondiale. Ensuite, la « deuxième mondialisation » commencerait avec la reconstruction de l'Europe après la première guerre mondiale. En tout état de cause, les deux grandes mondialisations se caractérisent par d'innombrables innovations, des avancées technologiques et la réduction des barrières entre pays dans leurs activités de production et de commercialisation des biens et services.

Au-delà de cette vision conventionnelle de la mondialisation proposée par les occidentaux, et dont l'appropriation et la maîtrise des véritables enjeux ne sont pas toujours partagées – ce qui est légitime dans un contexte de concurrence mondiale entre les nations – avec le tiers monde en général et l'Afrique en particulier, Jean Emmanuel Pondi apporte une meilleure lecture du concept grâce à la mise en lumière des motivations originelles et des intentions véritables des « pères » de la mondialisation d'une part, et des pièges (et opportunités) que nous offre cette nouvelle donne planétaire, d'autre part.

Qu'il s'agisse de ce que certains ont appelé le « bréviaire de l'impérialisme » symbolisé par le discours du Roi Léopold II en 1883 à l'occasion de l'arrivée des prêtres et pasteurs belges au Congo, ou du concept développé par Raul Prebish[55] au sujet de la « bourgeoisie compradore » observée dans les années 1940 en Amérique Latine, un siècle après l'accession de cette zone aux indépendances, nous pouvons dire que les « pères » de la mondialisation ont pris soin de faire en sorte que les pays du tiers-monde soient toujours maintenus dans une position de dominés et d'acheteurs des « valeurs » et produits offerts par le monde occidental.

IV.1.4. Opportunités

Deux opportunités principales ont retenu notre attention pour décrire des phénomènes ou des évènements encours ou à venir pouvant influencer positivement la structuration et le fonctionnement du système financier Camerounais : il s'agit de la mondialisation des économies et des marchés financiers d'une part, et de l'élection présidentielle de 2018 au Cameroun d'autre part.

A. La mondialisation des économies et des marchés financiers

Au-delà des faiblesses et des menaces que nous avons pu déceler au niveau du système financier camerounais, il est important de noter qu'à l'examen des rapports de force et de puissance entre les pays sur le plan international, « les modèles de développement sont appelés à être réinventés ou tout au moins réorientés. Les pays africains se trouvent face à un boulevard d'opportunités qu'ils ne doivent pas

---

[55] Economiste argentin (1901 – 1986) connu pour sa contribution à l'économie structuraliste, en particulier à la thèse sur la dégradation des termes de l'échange qui forme la base de la théorie de la dépendance.

manquer de saisir en toute intelligence. ». (Pondi, 2015, pp. 479-499).

La mondialisation des économies et des marchés financiers est une opportunité véritable pour le système financier camerounais pour plusieurs raisons :

- Le développement des échanges de biens, de services, et de capitaux grâce à la globalisation des informations économiques et financières ;
- L'augmentation de l'épargne intérieure dans la mesure où l'accroissement des investissements privés dans les pays du Sud entraine des taux de rendement et des capacités d'épargne très élevés ;
- La réduction du coût du capital grâce à l'augmentation des possibilités de partage des risques entre investisseurs résidents et étrangers, ce qui encourage en retour les entreprises à augmenter leurs investissements et à renforcer la croissance ;
- Le développement des secteurs financiers intérieurs par l'introduction d'une variété de nouveaux instruments et techniques financières ainsi que la qualité des services financiers du fait de la concurrence bancaire.

C'est pour cette raison aussi que nous avons saisi, pour le Cameroun, l'opportunité qu'offre l'environnement international du développement de l'économie du savoir sur les marchés financiers pour proposer la création du **Fonds Non Souverain Stratégique d'Investissement (FNSI)** comme tout premier Fonds d'Investissement camerounais à capitaux mixtes et à vocation internationale.

B. *L'élection présidentielle de 2018*

Chaque élection présidentielle a toujours été l'occasion pour un État de voir reconduite, ou redéfinie et implémentée sa politique économique et sociale. À l'ère du développement des opérations bancaires en ligne et de la fourniture des services internet à très hauts débits (apparition de la technologie 4G au Cameroun), nous pensons que le système financier camerounais connaîtra un nouvel essor au lendemain des élections présidentielles de 2018.

Le parti politique au pouvoir, le Rassemblement Démocratique du Peuple Camerounais (RDPC) entend certainement innover dans sa politique afin d'épouser la mode et l'actualité pour collecter le maximum de suffrages sur toutes les couches de la population notamment sur les jeunes de 21 à 50 ans. Pour illustration, avec l'annonce en 2016 du don de 500.000 ordinateurs portables aux étudiants camerounais par le Président de la République, le régime de Yaoundé entend certainement capitaliser sur cet évènement au cours des consultations électorales à venir et particulièrement au cours de l'élection présidentielle prévues en 2018, en le présentant comme une action forte du Président de la République en faveur de la jeunesse estudiantine.

L'observateur averti pourrait dire que ce don d'ordinateurs va en droite ligne de la politique gouvernementale pour l'essor de l'économie numérique et visant à déployer 10.000 km de fibre optique en réseau large-bande qui permettra aux start-up de développer aisément tous les services innovants dans le domaine des Technologies de l'Information et de la Communication (TIC). Dans cette lancée, l'entreprise *Cameroon Telecommunications* (CAMTEL) a obtenu un accord de principe pour un financement de 150 milliards de FCFA par le biais du facilitateur financier américain William F. Clark & Co. pour deux projets : l'un sur la connexion des ménages en fibre optique et l'autre sur la construction de deux *data centres*. Ces projets visent la connexion d'un million de ménages, 300.000 entreprises et professionnels en fibre optique. Les deux *data centres* permettront de sécuriser toutes les données du pays et garantiront, grâce au grand nombre de pylônes à installer, une large couverture du réseau 4G sur l'ensemble du territoire camerounais.

Tous ces projets visent le développement de l'économie numérique au Cameroun et auront pour effet d'impacter positivement le système financier camerounais en permettant par exemple la facilitation des mouvements de fonds (paiements numériques, transferts de fonds, etc.) et le développement des activités bancaires sur internet.

IV.2. Système financier Camerounais et financement : Cas du financement des Aéroports du Cameroun (ADC) par une Agence Internationale de Financement (AIF)

Dans une économie de marché proprement dite telle que prônée par la communauté internationale, nous pensons qu'un financement ne saurait être donné par une entité à une autre sans respect de l'objectif de poursuite du profit pécuniaire que recherche tout agent économique pratiquant le capitalisme. Une illustration ainsi qu'un examen approfondi de l'esprit des financements dits « non-souverains » de l'AIF nous permettra de confirmer notre propos.

IV.2.1. Illustration des financements non-souverains de l'AIF

Dans le cadre d'une perspective d'élaboration et de mise en œuvre d'un Fonds Stratégique d'Investissement au Cameroun, nous avons choisi d'examiner un cas d'actualité d'une campagne de financement des entreprises à capitaux publics par des prêts dits non souverains de l'Agence Internationale de Financement (AIF). Il s'agit du financement de 30,2 milliards de FCFA pour la réhabilitation des chaussées aéronautiques et la modernisation de l'aérogare-passagers des Aéroports du Cameroun (ADC). Nous avons réalisé, après examen de ce cas, que plusieurs non-dits existent au sujet de ce type de financement qui, au demeurant, ne semble pas indiqué pour un État qui voudrait non seulement préserver sa souveraineté financière et sécuritaire mais aussi rentabiliser à l'optimum ce type de financement.

Le 18 février 2016, le site internet www.cameroon-info.net a publié un article de Monsieur Aaron ONANA N. dans lequel le rédacteur annonce qu'un partenaire traditionnel « octroie 30,17 Milliards de F.CFA pour réhabiliter l'aéroport international de Douala ». Cette actualité est reprise au journal télévisé de 20h30 sur les antennes de la Cameroon Radio Television (CRTV). Au cours de cette édition, le Ministre des Transports, Monsieur Edgard Alain MEBE NGO'O confirme que la convention de financement sera signée entre l'entreprise à capitaux publics ADC et le partenaire traditionnel.

Cette actualité nous permet de revisiter les contours réels ou les risques camouflés qui sont inconsciemment ou à dessein ignorés par les signataires d'une telle convention. Avant de se lancer dans un essai, qui se veut, nous l'espérons, réaliste et circonstanciel, sur les risques liés à un financement non souverain d'une nation étrangère aux velléités insatiables de suprématie, de contrôle et de domination politique, économique, et monétaire sur le Cameroun, nous tenterons de proposer une définition des prêts dits « non souverains » afin d'en ressortir les caractéristiques principales. Ensuite, étant dans l'ère du positionnement géoéconomique des nations, nous proposerons un canevas de perspectives qui pourraient permettre à nos gouvernants de reconsidérer la logique qui soutiendrait ce type de prêt dans un contexte économique mondial marqué par l'utilisation du pouvoir économique comme base stratégique du contrôle des États les moins avancés par les États dits développés.

IV.2.2. Essai de définition des prêts dits non souverains

Les prêts dits non souverains sont des engagements financiers consentis par des emprunteurs de fonds sans que ces derniers soient garantis par l'État. Il s'agit donc dans cette définition, des fonds dont le remboursement devrait être assuré par la performance financière de l'emprunteur. Or, au stade actuel des résultats de nos entreprises à capitaux publics en général et des ADC en particulier, il serait péremptoirement indélicat, et même dangereux d'affirmer que les ADC peuvent tenir, à long terme, un rythme de remboursement soutenu, pour un financement qui prend sa source en fin de compte sur un marché financier, même si cette vérité est le plus souvent occultée au cours des ateliers de présentation des prêts dits non souverains.

L'inexistence de la garantie de l'État, un taux d'intérêt du marché ou même au-dessus du marché (en effet, l'argent coûte plus cher lorsque le remboursement est le plus éloigné possible), et la possibilité potentielle de prise de participation du prêteur en cas de défaillance de remboursement de l'emprunteur apparaissent ainsi comme les caractéristiques que nous estimons principales et essentielles pour les prêts non souverains de l'AIF.

IV.2.3. Les risques liés à un prêt non souverain d'une nation étrangère aux velléités insatiables de suprématie politique, économique et monétaire

Avant d'énumérer les risques que nous estimons majeurs dans le cadre d'un prêt non souverain de l'AIF au profit d'une entreprise à capitaux publics Camerounais, nous examinerons d'une part l'autre visage de l'AIF et d'autre part les performances des ADC au fil des dernières années.

> *A. L'autre visage d'une certaine agence internationale de développement : le risque d'asservissement prolongé de l'économie camerounaise*

La structure qui a financé les ADC dans le cas pratique ci-dessus apparaît indiscutablement comme l'un des bras séculiers de la géoéconomique et de la géopolitique stratégique du partenaire traditionnel qui lui permet d'assurer des flux financiers directs (profits issus de ses activités de prêts non souverains et de prêts non bonifiés au secteur privé) en Afrique subsaharienne, en Asie-Pacifique, au bassin méditerranéen et au Moyen-Orient.

Dans son rapport financier publié à la fin du deuxième semestre de 2015, cette structure indique qu'en Afrique subsaharienne, elle « anticipe une hausse du niveau des prêts non-souverains et non bonifiés et une relative stabilisation des mandats spécifiques ». Cela voudrait dire, en des termes moins techniques, que ladite structure prévoit de donner plus d'argent aux emprunteurs à des taux d'intérêts similaires à ceux du marché. C'est-à-dire à un coût plus élevé.

La suite du rapport financier nous apprend que « la relance du non-souverain, initié en 2014, constitue un axe fort en 2015 (…). L'effort important de prospection réalisé en 2014 se poursuivra en 2015-2016, pour mieux comprendre les besoins dans certains secteurs et aller à l'encontre de nouveaux partenaires. »

C'est ainsi que le rapport présente un bilan dans lequel « le produit net bancaire généré sur le premier semestre 2015 s'élève à 267 Millions d'Euro contre 253 Millions d'Euro au premier semestre 2014. »

Pour assurer ses concours financiers à ses emprunteurs, la structure s'approvisionne auprès du marché financier normal par le biais des instruments dérivés de couverture (*hedging*). Par ce mécanisme, elle procède à une opération financière sur le marché financier en réduisant partiellement ou totalement le risque normal qu'aurait supporté un autre acteur du marché. En termes plus simples, la structure vend des actifs ayant un risque quasi nul et récolte beaucoup de fonds qui lui permettent en retour de prêter à des demandeurs comme les ADC, ceci à un coût plus élevé (puisqu'elle doit assurer sa marge bénéficiaire). À cette ressource, il faudrait ajouter que le bilan au 30 juin 2015 de cette structure montre que cette organisation disposait de plus de 23 Milliards d'Euro au titre de dettes représentées par un titre, parmi lesquels 97,83% étaient des titres d'emprunts obligataires.

L'observateur averti serait donc tenté de se poser la question de savoir pour quel intérêt les ADC devraient recourir à un financement qui lui-même est obtenu par le prêteur sur un marché financier ouvert et libre tel que le marché de l'emprunt obligataire ?

Les ADC n'auraient-ils pas pu se procurer les 30,2 Milliards de FCFA recherchés auprès du marché local ou même international sous forme d'emprunt obligataire et ceci à un coût moins élevé ?

Il est vrai que pour emprunter auprès des marchés financiers internationaux, il est nécessaire d'avoir une bonne notation de type AAA des agences de notation renommées. Alors, si les agences de notation extérieures n'attribuent pas de bonnes notes à nos entreprises à capitaux publics, ne serait-il pas temps de focaliser notre attention sur le marché financier au sein de la sous-région Afrique Centrale et de mettre sur pied de meilleurs outils de contrôle de gestion et de mesure <u>mensuelle</u> de la performance de nos entreprises à capitaux publics, comme le font les entreprises privées multinationales dans lesquels nous avons servi ?[56]

Nous pouvons donc dire, au regard de ses derniers rapports d'activités et financiers de 2014 et 2015, que la structure qui a financé les ADC récemment est moins une agence bienfaitrice pour le développement des nations pauvres, qu'une banque de l'État du pays ami et partenaire traditionnel savamment pensée dont la mission véritable est de faire des bénéfices financiers et d'asseoir la mainmise de l'empire colonial sur ses partenaires des pays pauvres et très endettés ou des pays en développement.

B. Les performances des ADC au fil des ans et le risque de non remboursement du prêt

N'ayant pas pu obtenir les bilans d'activités et financiers des ADC dans leur site internet comme cela a pu l'être pour le cas de la structure qui l'a financé, nous nous en tiendrons aux déclarations généralistes du Fonds Monétaire International (FMI) qui estimait dans un rapport en fin 2013 sur l'économie camerounaise et rendu public à l'issue d'une consultation dans le pays au titre de l'article IV, que « le secteur des entreprises publiques a obtenu de piètres résultats. »

C'est ainsi qu'en décembre 2013, le ministère des finances avait invité la CAMTEL, les ADC, la SONARA, le FEICOM, le PAD, la CAMWATER, et la SCDP à un atelier de formation sur les mécanismes d'accès aux financements non souverains de certaines agences internationales de financement. S'il est indubitable que

---

[56] L'auteur a travaillé comme Contrôleur de Gestion, Comptable Régional et Regional Senior Finance Officer respectivement à Guinness Cameroon, ExxonMobil Central Africa et WWW Afrique Central.

nos entreprises à capitaux publics doivent sortir du cadre de l'assistanat si longtemps apporté par l'État, il n'en demeure pas moins que la solution proposée par le gouvernement à travers le Ministre des Finances pourrait apparaître comme une mesure stratégiquement mal pensée pour l'avenir de nos entreprises.

En effet, encourager un endettement auprès de l'AIF au titre de prêt non souverain, est une mesure qui, à terme, pourrait contribuer fatalement à la privatisation de toutes ces entreprises à capitaux publics au profit des entreprises du même espace géopolitique que l'AIF. Le diagnostic est certainement bien établi mais le traitement proposé serait à coup sûr générateur, à terme, de complications mortelles pour certaines de nos entreprises à capitaux publics. Cette situation pourrait conduire les ADC à être rachetés par des entreprises qui seraient ainsi imposées par l'AIF en tant que créancier principal. Ce qui entrainerait par ricochet, le risque de voir la sécurité et l'accès aéroportuaire du Cameroun tomber entre les mains d'un pays tiers.

C. Risque lié à l'influence accrue du système financier international sur l'économie camerounaise

D'après Frederic Mishkin et al. (Mishkin, Christian, Pierre-Cyrille, Lacoue-Labarthe, & Ragot, 2010, pp. 43-48) « L'augmentation des flux de capitaux entre pays renforce l'impact du système financier international sur les économies nationales ». C'est ce qui nous permet de dire que lorsque les ADC contractent un prêt non souverain avec l'AIF, l'État camerounais dans son ensemble s'expose, à terme, à des répercussions dommageables sur sa politique des taux de change avec un pays ami, partenaire traditionnel, qui jusque-là demeure curieusement fixe dans un contexte pourtant dit libéral ; un contexte de l'économie de marché dans lequel les prix des biens et services (et donc de la monnaie) devraient se déterminer suivant la loi de l'offre et de la demande.

D. Canevas de perspectives pour une réorientation des modes de financement des entreprises à capitaux publics

Au titre des canevas de perspectives que pourraient s'offrir les entreprises à capitaux publics qui recherchent des financements, nous indiquerons les exemples envisageables qui ont la particularité d'assurer la souveraineté stratégique de nos entreprises sur les plans politique, sécuritaire, financier, et économique. Nous proposons les exemples ci-dessous :

1- Réforme des modèles économiques des entreprises à capitaux publics pour leur permettre d'obtenir des notations AAA des agences accréditées, et financements purement locaux levés sur les marches intérieurs ou extérieurs privés avec majorité absolue des capitaux détenus par des nationaux ;
2- Financement par transformation des dépôts à vue et à terme détenus par des nationaux (particuliers, PME/PMI, et grandes entreprises) en sources de financement des entreprises à capitaux publics grâce à une meilleure politique d'incitation aux prises de participations au sein des organismes à capitaux publics. Pour mémoire, les résultats excellents obtenus à chaque emprunt obligataire lancé par le Cameroun indiquent que le marché local demeure très positivement réactif à ce type d'opération ;
3- Financement par des fonds identifiés et saisis dans les comptes des détourneurs de deniers publics dans le cadre de l'opération Epervier qui pourrait également aider à financer les entreprises à capitaux publics.

Chapitre V
Perspectives et recommandations pour un fonds stratégique de financement des entreprises camerounaises

> « *S'engager sur un secteur d'activité saturé n'est pas la meilleure façon de s'assurer une belle performance. La véritable opportunité consiste à créer des Océans bleus, des espaces de marché non exploités.* »[57]

Un pays qui ne peut pas produire suffisamment ne peut pas dégager des excédents qui permettent à ses citoyens de subvenir à leurs besoins physiologiques (se nourrir, se soigner, s'habiller, etc.) et intellectuels (s'éduquer, étudier, se former, etc.) de base. Cependant, pour produire suffisamment, il est nécessaire de disposer de ressources humaines, matérielles, et financières à des coûts abordables et soutenables dans le temps. Ce qui ne semble pas être l'atout d'un pays comme le Cameroun qui dépend en totalité ou presque des financements provenant de l'extérieur. L'intérêt de ce chapitre est donc de proposer un canevas qui permettra au Cameroun d'accéder à son « indépendance financière » en mettant sur pied un

---
[57] Chan Kim et Renée Mauborgne le Havard Business Review – Automne 2015. Page 60

système procréateur et pourvoyeur de fonds pour les investissements.

V.1. Approche stratégique et recommandation

Comparativement à certaines autres nations, le Cameroun ne dispose pas d'un Fonds d'Investissement qui puisse lui permettre de soutenir le financement de ses lourds projets d'infrastructures (autoroutes, routes, ponts, barrages hydro-électriques, énergies renouvelables, énergies fossiles, infrastructures de télécommunications, etc.). Il s'agit donc de mettre sur pied la stratégie Océan bleu. Cette stratégie « consiste à exercer ses activités là où il n'y a pas de concurrents. Elle a pour but de créer un territoire nouveau, non de partager un territoire existant. » (Kim & Renée, 2015, p. 64).

La recommandation que nous faisons par conséquent est que l'État puisse favoriser la création d'un Fonds d'Investissement qui mènera des activités de lever de financements directement auprès des marchés financiers en général et des marchés des changes en particulier. Le Fonds en question pourra ainsi financer des projets au Cameroun et hors du Cameroun, prendre des participations au sein des entreprises, sans que ces financements soient forcement assis sur des garanties souveraines.

V.2. Création et fonctionnement d'un Fonds Non-Souverain Stratégique d'Investissement (FNSI)

La création[58] et le fonctionnement d'un Fonds d'Investissement est, comme toute entreprise qui se veut

---

[58] Voir les conditions de création des sociétés au Cameroun présentées par le Centre de Formalités de Création d'Entreprises à http://www.cfce.cm/explication-des-demarches/ consulté le 16/11/2016 à 17h55.

performante, tributaire d'une vision claire et partagée. Cette vision sera traduite par des missions et objectifs précis qu'une stratégie managériale devra permettre d'atteindre. Pour ce faire, un accent particulier doit être mis sur les fonctions principales comme le management des ressources humaines, le management du système de production, la gestion optimale des autres ressources, et le management du marketing stratégique et opérationnel. Les autres fonctions-supports telles que la comptabilité, l'informatique de gestion, la gestion de la trésorerie et l'administration générale devant, bien entendu, également faire l'objet d'une planification et d'un suivi très détaillé et pointilleux.

V.2.1. Management stratégique des RH pour une performance globale du FNSI

À l'ère de l'économie du savoir, la Ressource Humaine est l'ingrédient le plus important qui puisse permettre à une organisation d'être efficiente, d'innover, de créer et de s'adapter aux changements brusques et récurrents de ce nouveau paradigme mondial appelé mondialisation des économies, des cultures, des valeurs, des tares et des avatars « *singularistes* » ou corporatistes. (Martucelli, 2010) et (Karpik, 2007).

A. Le sentiment de reconnaissance au travail : proposition d'un instrument de mesure

Le passage au sein des organisations d'une logique de qualification à une logique de compétence est à la base du développement du besoin de reconnaissance des salariés. La logique de qualification posait les bases de l'évaluation du salarié suivant le critère d'appartenance collective à un groupe de référence. Quant à la logique de compétence, plus moderne, la considération du salarié se fait suivant des critères de performance individuelle. Nous sommes ainsi à l'ère des pratiques d'individualisation lorsqu'il s'agit de définir les nouveaux outils de reconnaissance de la valeur des forces de travail (Lallement, 2007).

Pouvant tirer leur justification des études d'Abraham Maslow (Maslow, 1943, pp. 390-396) sur la hiérarchisation des besoins, trois types de reconnaissance peuvent être distingués au sein des organisations : la reconnaissance affective, la reconnaissance juridique, et la reconnaissance socio-productive.

Sur le plan affectif, le salarié peut développer un besoin de reconnaissance à trois niveaux :

- Le niveau interpersonnel ou besoin de reconnaissance vis-à-vis d'un groupe restreint ;
- Le niveau avec des tiers tels que clients, fournisseurs, pairs à l'extérieur de l'organisation ;
- Le niveau hiérarchique, c'est-à-dire avec son supérieur.

Le niveau hiérarchique semble le plus mesurable et laisse apparaître des critères tels que : la force du lien affectif entre le salarié et le responsable hiérarchique, la capacité d'écoute, la disponibilité du chef, la reconnaissance par le chef du salarié comme une individualité propre (et non pas seulement comme un numéro de matricule), l'absence d'atteinte à l'intégrité morale.

La reconnaissance juridique est un besoin manifesté par le salarié vis-à-vis d'un ensemble organisé plus large. Il s'agit pour le salarié d'être sûr que lorsqu'une règle est arrêtée par la hiérarchie, son application doit être identique à l'ensemble des salariés sans exception.

La reconnaissance socio-productive est synonyme de « rémunération », de « rétribution » ou de « récompense ». L'évaluation de la reconnaissance socio-productive se fait en mettant en examen trois types de reconnaissance dans le travail de l'individu : la reconnaissance des pratiques de travail, la reconnaissance de l'investissement dans le travail, et la reconnaissance des résultats. (Brun & Dugas, 2005).

B. Nouvelles formes d'organisation du travail et tensions sociales : vers de nouvelles problématiques pour la GRH ?

La problématique des écarts entre discours managérial et pratique des nouvelles formes d'organisation du travail (NFOT) conduisent à l'invention de nouvelles pratiques R.H.

Les nouveaux modes d'organisation du travail découlent des nouvelles exigences productives. Les stratégies de différentiation des entreprises reposent dorénavant sur les concepts de qualité, délais, variété, et innovation, contrairement aux stratégies d'antan basées sur les coûts (Veltz & Zarifian, 1993, pp. 3-25). À cause des phénomènes nouveaux de la mondialisation, l'environnement du travail est devenu plus incertain et plus menaçant, nécessitant ainsi une nouvelle définition de la performance des entreprises en termes de coûts-délais-qualité ; Cette performance étant elle-même tributaire des compétences individuelles et collectives (Amadieu & Cadin, 1996).

Dans sa nouvelle définition, « le travail n'est plus une exécution rapide d'opérations élémentaires mais une mobilisation pratique de l'intelligence d'une situation » (Zarifian, 1995, p. 35). Cette nouveauté contraste avec la logique du taylorisme dans laquelle, le travail de conception doit être radicalement séparé du travail d'exécution (division du travail)[59]. Ce qui signifie que

---

[59] Organisation scientifique du travail selon Frederick Winslow Taylor (1856 – 1915).

dans le nouveau mode de gestion des ressources humaines (R.H), même l'ouvrier doit être capable de concevoir tout ou partie de son travail. C'est pourquoi « il est bon et productivement efficace de travailler ensemble, d'échanger les savoirs, de partager les responsabilités, bref de coopérer dans le travail » (Zarifian, 1995, p. 161). Ce qui donne lieu de nos jours à de nouveaux concepts tels que le *groupwork*[60] ou *teamwork*[61] qui vient en évolution de l'ancien concept du travail à la chaîne (Durand, Stewart, & Castillo, 1998) et consacre la mise en collaboration et coopération interactive de plusieurs maillons d'une chaîne de travail qui devient ainsi semi-autonome dans le but d'être plus efficient et efficace. L'autonomie partielle indique que le *groupework* a la possibilité de négocier les objectifs avec la hiérarchie (Martin, 1999, pp. 6-21). Dans le *groupework*, les tâches ne sont pas prédéfinies. Seuls les objectifs sont déterminés à l'avance et il est attendu des employés composant le *groupework* de déterminer eux-mêmes leurs modes opératoires.

C. Vers un management des ressources humaines durable et bienveillant

D'après la théorie du signal, les managers tiennent compte des signaux académiques, professionnels et sociodémographiques tels que la formation, la compétence, le diplôme, le genre, l'origine pour prendre la décision de l'avancement hiérarchique. Cette réalité conduit à la mise en œuvre d'un management des R.H « bienveillant et durable intégrant la question de la

---

[60] Le *groupwork* encore appelé « modèle suédois » est né en Suède chez Electrolux, Saab, et Volvo en particulier.
[61] La notion de *teamwork* est née au Japon dans les années 1990. Il s'agit d'un renouveau du *groupwork*.

diversité, la gestion des carrières des différents profils, et la satisfaction des employés de talent»[62].

La théorie du « capital humain » englobe l'importance de la formation de base et de l'expérience professionnelle dans la détermination des rémunérations et des avancements hiérarchiques au sein des entreprises. Cette théorie du capital humain s'oppose à la théorie du comportement carriériste (Feldman & Weitz, 1991, pp. 237-257) dans laquelle le carriériste préfère mettre l'accent sur les relations sociales directes ou indirectes qu'il entretient avec les supérieurs hiérarchiques, ses collègues, ses amis, afin d'avoir des promotions en entreprise. Pour Feldman et Weitz, le carriérisme apparaît comme « la propension à poursuivre un avancement hiérarchique par des moyens non basés sur la performance ».

Au-delà du modèle traditionnel de la gestion des carrières dans lequel la hiérarchie de l'entreprise est à l'initiative du développement des carrières, une approche individualiste des carrières s'est développée avec le concept de carrière protéenne (Hall, 1976) et plus tard avec le concept de carrière protéiforme[63] par Hall et Mirvis (Hall & Mirvis, 1996, pp. 15-45). Désormais, l'individu est le seul maître de sa carrière. Il doit ainsi faire preuve d'opportunisme et de réalisme dans la planification et la conduite de sa carrière. Il doit négocier lui-même ses changements de poste, conserver d'autres alternatives d'emploi (Guerrero, 2000) et « improviser de nouvelles actions » (Perrin, 1985). L'individu devient ainsi « l'entrepreneur de sa propre carrière » au sens de Menger (Menger, 2002).

---

[62] Semra Karakas, Enseignant à l'Université Paris 1 Panthéon Sorbonne.
[63] Ce mot fait référence au Dieu marin Grec Protée pouvant changer de forme selon sa volonté.

V.2.2. Compréhension du système de production des fonds : développement des opérations sur les marchés des changes à l'international.

Toute organisation, qu'elle ait vocation à produire des biens ou des services marchands ou non marchands a besoin de définir un système de production idoine et de le manager de façon efficiente et efficace pour atteindre ses objectifs.

> *A. Comprendre les systèmes d'organisation et de gestion de la production : quelle solution au conflit entre stratégie générale et stratégie fonctionnelle de la production ?*

La gestion de la production nous a permis de comprendre les antagonismes, conflits et contraintes qui existent entre les stratégies et les objectifs généraux de l'entreprise d'une part, et ceux particuliers de la fonction de production d'autre part. Le Dr. Léonard Ambassa (Ambassa, 2013) estime pour cela que « dans le management des contraintes, on aura recours à l'arbitrage suivant les règles dites tayloriennes de coordination, ou plus évoluées de management participatif. »

En tout état de cause, dans un environnement dynamique et hyper concurrentiel, la stratégie du système de production devrait résulter d'une stratégie organisationnelle globale qui a permis de « cibler la clientèle, de définir les nouveaux produits ou services, la réactivité au changement dans l'environnement commercial et socio-économique, et les choix sur le marché international. » (Ritzman, Krajewski, Renart, & Townley, 2010, pp. 14-19).

Par ailleurs, une fois que le système de production adéquat a été mis sur pied, son efficacité devient tributaire de la bonne gestion des flux qui le composent. Les flux informationnels et les flux physiques sont ainsi distingués. Au-delà des seuls éléments physiques dont le système de production a besoin ou peut produire, il existe une panoplie de fonctions spécifiques (marketing, recherche-développement, approvisionnement, production, commerciale, financière, service après-vente) et de fonctions d'appui (la gestion des ressources humaines et la fonction logistique ou *Supply Chain* 64) qui constituent la chaîne des valeurs du système de production. Le Dr. Leonard Ambassa illustre cette réalité par la nécessaire « interactivité fonctionnelle » en sollicitation des fonctions ci-dessus, pour « parvenir à la pleine efficacité des flux physiques ».

Par conséquent, en tant que stratégie fonctionnelle, la définition et la mise en œuvre du système de production dépendra des priorités concurrentielles et des directives de la stratégie organisationnelle. Cette logique, combinée à l'utilisation des progiciels et autres applications informatiques tels que les ERP (Enterprise Resource Planning) apporte une solution pratique non négligeable au problème de conflit entre stratégie organisationnelle générale et stratégie fonctionnelle du système de production.

---

[64] For the Canadian Supply Chain Council (www.supplychaincanada.org/en/supply-chain) consulted on September 2nd 2016 at 5:29pm, "definitions of a supply chain virtually universally encompass the following three functions: i. supply of materials to a manufacturer; ii. the manufacturing process; iii. the distribution of the finished goods through a network of distributors and retailers to a final customer.

B. Les approches décisionnelles des systèmes de production : le management stratégique des ressources

Le management stratégique du système de production illustre les choix décisionnels de la gestion des ressources permanentes dont le professionnel a besoin pour manager. Ce management stratégique se déploie sur les plans tactique (moyen terme) et opérationnel (court terme). Il s'agit d'élaborer la liste et dire comment seront gérés tous les moyens humains, matériels, financiers, informationnels, et temporels dont le système de production aura besoin pour répondre aux attentes du marché. Ambassa (2013) propose le *Material Requirement Planning*[65] (MPR) pour la planification, l'ordonnancement, et la mise en œuvre de la programmation des besoins.

Pour Ritzman & al. (2010), le parcours allant de la planification à l'ordonnancement commence par l'élaboration d'un plan d'entreprise ou *business plan* à partir duquel « les directions opérationnelles produisent un Plan Industriel et Commercial (PIC) par famille de produit sur un horizon d'une année ». Le PIC présente les volumes prévisionnels de production, les ressources nécessaires et les niveaux de stocks en fonction de la demande des clients et des capacités de production de l'entreprise. Sur la base du PIC, un Plan Directeur de Production (PDP) « généralement axé sur les niveaux de production et de stock » est élaboré. Le PDP sera plus tard converti en calendrier d'activités par produit (appelé emploi du temps du personnel dans le tertiaire). Le PDP - appelé plan de gestion des ressources dans le tertiaire est centré sur la

---

[65] The MRP is a software-based production planning, scheduling, and inventory control system used to manage manufacturing processes. It was developed by Joseph Orlicky in 1964 as a respond to the Toyota Manufacturing Program.

disponibilité du personnel - « doit établir un équilibre entre les objectifs contradictoires en matière de service client, de stabilité de la main-d'œuvre, de coûts et de bénéfices. ».

Ambassa (2013) précise ainsi que les méthodes de planification, d'ordonnancement et des règles d'utilisation rationnelle des ressources constituent le socle sur lequel se déploie le Management par les Contraintes. L'auteur ajoute que le *Lean Management*, la *Supply Chain Management*, et le Management par les Contraintes sont des sous-systèmes qui permettent d'assurer l'équilibre du système de production.

> *C. La régulation des systèmes de production : qui du fournisseur des intrants, du fabricant ou du commercial est le plus important pour l'équilibre du système de production ?*

Selon Robbins & Al. (Robbins, DeCenzo, & Gabilliet, 2008, pp. 454-466), la gestion de la production permet de se poser la question de savoir qui du fournisseur des intrants, du fabricant, ou du distributeur est le plus important dans l'objectif de mettre le produit à la disposition du client dans les meilleures conditions de façon à satisfaire son besoin. A l'observation, aucun de ces trois acteurs ne détient le monopole de l'importance parce que « dans la gestion de la chaîne de valeurs, c'est le client qui, au bout du compte, impose sa loi » au sens de Wren (Wren, 1993, p. 127).

Le **Fonds Non-Souverain Stratégique d'Investissement** dont nous proposons la création est ainsi appelé à concevoir un modèle économique (ou *business model*) spécifique. Le *business model* sera « le chemin que cette entreprise entend suivre pour tirer profit de l'ensemble de ses stratégies, procédés et activités ». (Robbins & Al.,

2008). Pour illustration, IKEA, entreprise suédoise est devenue le plus grand distributeur mondial de meubles en proposant à ses clients des produits bien conçus à des prix imbattables. En contrepartie, les clients acceptent de prendre en charge la livraison et l'assemblage notamment. (Song, 2002, p. B4). En somme, la finalité de la *Supply Chain* est d'améliorer le Coût, la Qualité, le Délai, la Réactivité, l'Innovation, et la Flexibilité du système de production.

> *D. Placements dans des marchés des changes et couverture du risque de taux de change défavorable*

Faire des placements dans les marchés des changes afin de bénéficier d'un gain est une opération réservée aux experts. Nous avons donné un aperçu de cette activité dans le premier chapitre de cet ouvrage lorsque nous présentions la section sur l'exploitation des opportunités d'arbitrage au sein des marchés des changes. Au demeurant, une présence effective au sein de l'environnement très sélectif des marchés financiers internationaux requiert un positionnement de qualité et une publicité efficace du Fonds d'Investissement au sein de ces marchés financiers. C'est pour cette raison que le FNSI doit penser et déployer un marketing stratégique et offensif.

V.2.3. Les activités Marketing du FNSI

De par la décomposition sémantique du concept par « *market* » qui veut dire marché et « *ing* » qui est un suffixe utilisé en anglais et traduisant l'action ou le mouvement à la fin d'un verbe ou d'un nom, le Marketing peut être défini comme une science ou une démarche scientifique qui nous permet d'étudier un marché et d'y positionner un produit dans une démarche dynamique. La démarche marketing est ainsi une action ou un ensemble d'actions orientées vers un marché précis, et dans lequel il y a une « adaptation permanente et continue de l'entreprise aux besoins, attentes et motivations de la clientèle à travers son offre » (Bikanda, 2015).

Le FNSI que nous proposons se constituera et se déploiera, comme pour tout projet ou entreprise, sur la base d'un Business Plan bien élaboré. En effet, au-delà de toutes les études de faisabilité (étude de marché, étude technique, étude socio-environnementale, étude financière), nous proposons une élaboration des différentes stratégies (stratégie organisationnelle, stratégie d'approvisionnement, stratégie de production, stratégies de gestion du temps et des ressources humaines, matérielles, informationnelles, financières, stratégie marketing, stratégie commerciale, et stratégie de communication) (Stutely, 2007, pp. 95-120).

La création d'un Fonds de financement requiert que ledit Fonds soit conçu par rapport à son environnement. Grâce au concept d'intelligence contextuelle (Khanna & Rivkin, 2015, pp. 71-80), il faudra s'appuyer sur l'analyse des environnements politique et institutionnel, économique, technologique, culturel et social comme terrains de jeux futurs du Fonds[66] afin de dégager les forces, faiblesses, opportunités et menaces qu'offre cet environnement. La démarche marketing à adopter pour le Fonds nous permettra de nous situer dans un environnement marqué par la mondialisation des échanges et des compétences et de déterminer le mode opératoire pour la croissance et le positionnement de cette nouvelle entreprise.

---

[66] Facteurs Politiques, Economiques, Sociologiques, Technologiques, Ecologiques et Légaux (PESTEL).

Le marketing stratégique apparaît ainsi comme la réponse aux questionnements liés à la détermination des cibles à atteindre, la stratégie de croissance retenue, ainsi que le positionnement du nouveau Fonds dans son marché. Le marketing opérationnel quant à lui permettra que soient définis la stratégie des taux d'intérêts à utiliser (taux concessionnels concurrentiels), la création publicitaire à déployer pour la visibilité du Fonds au sein de la sous-région CEMAC en général et du Cameroun en particulier, le choix des médias et partenaires de communication. (Croutsche, 2008, pp. 565-616).

Au demeurant, un plan d'action marketing sera élaboré. Croutsche précise que le plan d'action marketing s'intégrera « dans la planification globale de l'entreprise. Il découle directement de la stratégie marketing définie à partir des opportunités, des menaces, des forces et des faiblesses ».

V.3. Réforme de la politique gouvernementale en matière de R&D et sur le plan des APE avec l'U.E

Il ne serait pas superfétatoire de dire qu'une réforme profonde, progressive et pas moins radicale de la politique gouvernementale en matière de recherche-développement au Cameroun serait une preuve irréfutable de la volonté de changer positivement notre politique de développement industriel et commercial. Les activités de recherche avec une orientation stratégique pour améliorer la qualité et la quantité des biens industriels produits par le Cameroun, permettront aussi d'optimiser la mise en application des différents accords et conventions ratifiés par l'État, notamment les Accords de Partenariat Économique avec l'Union Européenne.

V.3.1. Réformes en matière de Recherche et Développement

Toute réforme de la politique monétaire par l'autorité monétaire nationale est vouée à l'échec du fait de la mainmise de certains de nos partenaires traditionnels et de leur influence « totalitaire » au sein de la Banque des États de l'Afrique Centrale. En effet, il existe un droit de veto puissant sur toute décision pouvant être prise par les autorités monétaires de la CEMAC si cette décision constitue une menace à des intérêts surtout exogènes. Par conséquent, puisque le franc CFA est une monnaie viciée et ne peut garantir la souveraineté véritable du Cameroun et des pays qui l'utilisent, comme nous l'avons vu ci-dessus, il reste à l'État du Cameroun une marge de manœuvre dérisoire (mais utilisable) au niveau de sa politique budgétaire.

Nous proposons deux réformes essentielles dans le cadre du budget d'investissement public : la revalorisation de la part d'allocation budgétaire pour les activités de R & D à hauteur de 5% du Produit Intérieur Brut d'une part, et la création d'une Agence Gouvernementale d'Intelligence Économique qui bénéficiera des financements nés de l'augmentation des budgets en R & D.

L'Agence Gouvernementale d'Intelligence Économique aura pour missions :

- de coordonner les recherches des universitaires et praticiens des sciences pures et des sciences appliquées (sciences de l'ingénierie) pour des fins de créations de biens et services marchands *made in Cameroon* ;
- d'élaborer et mettre en œuvre une plateforme animée par les services de renseignements, les banques ayant des capitaux uniquement camerounais, et les entreprises à capitaux uniquement nationaux qui entretiennent des relations d'affaires avec l'international ;

- de promouvoir le patriotisme économique et l'entreprenariat des hommes d'affaires camerounais au sein des marchés financiers internationaux ;
- de favoriser et promouvoir le développement des entreprises multinationales à capitaux majoritairement camerounais, lorsqu'on sait que moins de 30 entreprises multinationales basées aux États-Unis « ont un revenu supérieur à de nombreux États-nations du monde. Plus de la moitié – 53 exactement – des 100 plus importantes organisations économiques du monde sont des entreprises. Le poids d'Exxon Mobil, l'une des plus importantes, est supérieur à celui de la Norvège. » (Gore, 2013, p. 148).
- de créer une unité d'intelligence économique et de recherche de l'information stratégique dans chaque représentation diplomatique camerounaise à l'étranger et lui fixer des objectifs clairs, précis et mesurables en termes de contrats commerciaux signés et exécutés par les entreprises à capitaux uniquement ou majoritairement camerounais.

Le fonctionnement d'une agence d'intelligence économique entraîne des coûts très importants dans la mesure où ses activités traversent les frontières nationales. En effet, pour Paul Fokam, afin de collecter des informations stratégiques, il faut prévoir des ressources financières conséquentes. C'est pour cette raison que cette collecte d'informations stratégiques ne devrait pas être faite par une seule entreprise. « C'est la raison pour laquelle, dans la grande majorité des pays industrialisés, en dehors des cellules d'intelligence au sein des entreprises, la plus grande partie des coûts d'intelligence économique est endossée par les États dans le cadre de leur soutien à la promotion de l'innovation et de l'entreprise nationale (…) ». (Fokam K., L'Intelligence économique : une arme redoutable dans la bataille économique mondiale, 2016, pp. 8-9).

Comme nous l'avons vu plus haut, le capital immatériel est désormais l'actif le plus important dans une économie mondialisée comme celle du siècle présent. La ruée vers la connaissance ou le savoir est devenue la condition majeure pour assurer une compétitivité certaine des États face à d'autres États – prédateurs ou passifs.

V.3.2. Réformes sur le plan des Accords de Partenariat Economique entre le Cameroun et l'Union Européenne.

L'observateur averti dirait, il est vrai, que les réformes qui pourraient être appliquées au niveau du commerce international semblent déjà porter en elles-mêmes les germes de leur inefficacité du fait de la signature (prématurée ?) par le Cameroun des Accords de Partenariat Economique (APE) avec l'Union Européenne (U.E). En effet, dans le cadre des APE entre le Cameroun et l'U.E, et depuis le 4 août 2016, les produits dits de première catégorie concernant les machines industrielles et de haute technologie en provenance de l'U.E sont totalement libéralisés par la douane camerounaise. Les produits camerounais admis dans ces mêmes APE incluent la banane, l'aluminium, les produits transformés du cacao et du bois, d'autres fruits et légumes frais, le riz et le sucre.

Cependant, le Cameroun peut tirer avantage de ces accords dans un contexte où en moyenne 200 milliards de FCFA par an, soit 15% seulement de nos exportations totales vers l'U.E sont concernées par les produits ci-dessus. Le défi est de réaliser au moins 80%, soit 1.066 milliards de FCFA par an au titre d'exportation au sein de l'U.E dans les 10 prochaines années. Pour ce faire, nous suggérons la création d'une structure centralisatrice de relais ou Centrale Commerciale Locale qui devrait, grâce à nos représentations diplomatiques et à l'Intelligence Économique, non seulement mener une offensive commerciale au sein de l'U.E, mais aussi apporter un appui technique et un appui-qualité aux producteurs nationaux locaux qui visent le marché de l'U.E.

Chapitre VI
Comment rendre les établissements publics plus performants dans un contexte de rareté des fonds et de facilité élargie de crédit avec le FMI ?

> *« La conjoncture internationale défavorable, en raison notamment de la baisse persistante des cours des matières premières, a négativement impacté la croissance économique et le progrès social dans notre pays. (...). Nous allons à cet égard poursuivre nos efforts en faveur de l'optimisation de la collecte des revenus de l'État et de la rationalisation de la dépense publique. »*[67]

Faisant suite au décret N° 2017/010 du 12 juillet 2017 portant (nouveau) statut des établissements publics et notamment en ses articles 4 traitant de l'autonomie financière, et 37, alinéa 1, où il est indiqué que le Directeur Général est chargé de « gérer les biens meubles et immeubles, corporels et incorporels de l'établissement public », un chapitre de propositions d'un diagnostic et

---

[67] Message de fin d'année du Président de la République, S.E Paul BIYA à la nation le 31 décembre 2017.

d'un Plan de Management Stratégique à appliquer dans chaque établissement public au Cameroun est présenté au lecteur. Ces propositions ont pour but de permettre aux établissements publics de rendre effective et/ou de renforcer leur performance et autonomie financière d'une part, et de contribuer éventuellement à animer les activités de la bourse des valeurs de Douala d'autre part. Ceci se fera par leur introduction et la gestion de leurs fonds, valeurs et autres biens « incorporels » sous forme de prise et de cession de participations, d'actions et obligations diverses.

VI.1. Renforcement du management des Directions Générales et de l'autonomie financière réelle des établissements à capitaux publics conformément au décret N° 2017/010 du 12 juillet 2017 portant statut général des établissements publics

Ce renforcement du management se fait dans un contexte qui est celui de la nécessité de mise en application du **décret *N° 2017/010 du 12 juillet 2017 portant statut général des établissements publics*,** et de l'importance de contribuer à fournir au Trésor Public des fonds additionnels qui lui permettraient de mieux faire face à une « *conjoncture internationale défavorable, en raison notamment de la baisse persistante des cours des matières premières* » ayant conduit à « *des difficultés de trésorerie* » au niveau de l'État et à la signature en juin 2017 d'une « *Facilité élargie de crédit* » avec le Fonds Monétaire International, comme l'a précisé **S.E Paul BIYA** lors de son message à la nation le 31 décembre 2017.

Nous proposons ainsi que des Diagnostics et des Plans de Mangement Stratégique soient élaborés et mis en place dans chaque établissement public. Chaque Plan permettra en 77,8 jours de travail, à réaliser avec une équipe de 13 experts, de poser les actions suivantes : (1) repréciser la vision de l'établissement public, (2) établir le référentiel du diagnostic stratégique, (3) réaliser le diagnostic stratégique interne et externe, (4) élaborer la matrice des menaces sérieuses à minimiser, des faiblesses à limiter et des opportunités réelles à saisir, (5) concevoir les termes de référence du Plan Général des Formations ainsi que les termes de référence des nouvelles compétences à recruter éventuellement, (6) préparer le document des orientations générales d'un Plan de Management Stratégique, (7) élaborer ou revisiter les textes d'encadrement des comportements et des outils de contrôle de gestion et de pilotage de la performance.

Par ailleurs, la mise en œuvre de notre proposition contribuera éventuellement à animer les activités de la bourse des valeurs de Douala, par l'introduction et la gestion des fonds, valeurs et autres biens « *incorporels* » des établissements publics, sous forme de prise et de cession de participations, d'actions et obligations diverses. C'est aussi cela **une innovation pour le développement inclusif et endogène d'un système financier stratégiquement plus indépendant pour le Trésor Public Camerounais**.

Les Conseils d'Administration et les Directions Générales des établissements publics sont par conséquent tenus de faire un état des lieux de leurs établissements, analyser les résultats obtenus, et définir des chemins à suivre pour rendre leurs structures plus efficaces et plus efficientes. Il s'agit donc de procéder à des diagnostics et de mettre en œuvre des Plans de Management Stratégique.

VI.2. Méthodologie ou étapes principales

Un ensemble d'étapes préalables doit être mis sur pied et suivi de façon systématique par chaque directeur général et son adjoint. Le management stratégique étant une discipline transversale qui englobe autant les métiers principaux (exemple l'ingénierie financière dans une institution financière ou encore la régulation dans une agence de régulation des marchés publics) que les métiers supports (exemple la comptabilité, l'administration, la logistique, le système d'information dans toutes les entreprises), il est indispensable que chaque directeur général ou son adjoint ait un profil ou une grande expérience transversale en management stratégique. Si ces derniers ne disposent pas d'expertise avérée en matière de management stratégique, il est important qu'un renforcement de leurs capacités soit prévu (s'ils disposent des prérequis admis) ou qu'ils soient tout simplement remplacés avant le lancement de l'élaboration du diagnostic et du plan de management stratégique de leur entreprise.

VI.2.1. Repréciser la vision de l'établissement public

La vision doit être (re)formulée et communiquée par le Conseil d'Administration en tant qu'organe suprême de l'établissement public. Connaître la vision de l'établissement public permettra de définir où il veut aller, comment est-ce que l'établissement public voudrait être perçu par ses employés, ses partenaires, ses clients et son environnement général. La vision pourrait être définie sur un horizon de 2 à 5 ans en fonction des aspirations du Conseil d'Administration.

Exemple de vision pour l'établissement public : *« Optimiser le système des opérations et être reconnu comme un foyer de compétences au sein duquel l'autonomie financière, la croissance et l'innovation technologique et numérique ont une place de choix ».*

VI.2.2. Établir le référentiel du diagnostic stratégique

Il s'agit de repréciser les missions (l'objet social) de l'établissement public concerné conformément à son décret portant création, organisation et fonctionnement, sans oublier les dispositions du décret n° 2017/010 du 12 juillet 2017 portant statut général des établissements publics. L'importance de cette étape est qu'elle nous permet de réaliser le diagnostic stratégique, en vérifiant la cohérence qui existerait entre l'implémentation réelle des missions actuellement en cours au sein de l'établissement public et les missions telles que précisées dans les décrets ci-dessus.

VI.2.3. Réaliser le diagnostic stratégique

A. Le diagnostic interne

En balayant tous les départements de l'entreprise, la finalité du diagnostic interne est de définir d'une part le potentiel **(forces)** stratégique de l'établissement public en mettant en exergue son métier, son savoir-faire, et ses compétences ; d'autre part, le diagnostic interne va permettre de définir les limites **(faiblesses)** de l'établissement public, c'est-à-dire les éléments internes sur lesquels l'établissement public ne peut pas compter pour définir et réussir la mise en œuvre de ses stratégies.

1- **Le diagnostic des ressources humaines :** il s'agira de faire un état des effectifs des salariés, la structure et la motivation du personnel, les compétences, le climat social, la gestion de la rémunération, la gestion des compétences et des plans de carrière.

2- **Le diagnostic financier :** il est crucial de savoir quels sont les capitaux disponibles de l'établissement public, ses fonds propres, son niveau d'endettement, son fonds de roulement, sa rentabilité, sa solvabilité, et ses modes de financement.

3- **Le diagnostic organisationnel :** il est important ici de préciser le mode d'organisation de l'établissement public au niveau de chacune de ses instances statutaires, sa structure, la répartition des pouvoirs, les liens de subordination, la coordination des activités.

4- **Le diagnostic opérationnel :** les circuits d'approvisionnement, de production des biens et services, et de commercialisation des biens et services de l'établissement public doivent également être passés en revue. Il est question de faire un état des lieux sur la logistique, les procédures d'acquisition des matières premières, matières et fournitures, matériels et équipements, de déterminer la capacité de production des réformes, les capacités technologiques et numériques, la stratégie marketing, et les différents canaux d'actions.

5- **Le diagnostic du système d'information :** le système informatique n'étant qu'un sous-ensemble du système d'information en entreprise, le diagnostic du système d'information de l'établissement public permettra de connaître comment sont rassemblés les éléments personnels, matériels, et logiciels qui assurent l'acquisition, le traitement, la mémorisation, et la communication des informations au sein et hors de l'établissement public.

B. Le diagnostic externe

Le diagnostic externe de l'établissement public sera élaboré de façon à ressortir les opportunités que lui offre son environnement, ainsi que les contraintes et menaces qui lui en sont imposées. Il s'agira donc d'une part de déceler et d'édulcorer les phénomènes susceptibles de remettre en cause le positionnement stratégique de l'établissement public ; d'autre part, il faudra mettre en lumière et optimiser les rapports avec les phénomènes pouvant favoriser l'atteinte des objectifs de l'établissement public.

Les menaces et les opportunités qui se présentent à l'établissement public seront analysées sous le prisme de son micro-environnement (clients des biens et services publics marchands ou non marchands, banques, État, syndicats, associations, presse, etc.) ainsi que sous le prisme de son macro-environnement (facteurs politiques, économiques, sociologiques, technologiques, écologiques, et juridiques).

1- **Élaborer la matrice des menaces sérieuses à minimiser, des faiblesses à limiter et des opportunités réelles à saisir :** Cette étape permet de mettre en relief les menaces qui ont une capacité de nuisance avérée de manière à les catégoriser suivant le critère d'importance relative. Ensuite, toutes les opportunités bancables ou rentables seront classifiées.

2- **Concevoir les termes de référence du Plan Général de Formation ainsi que les termes de référence des nouvelles compétences à recruter éventuellement :** La conception des termes de référence du plan général de formation permettra de s'assurer que l'établissement public met sur pied, pour chacun de ses départements ou domaines d'activités, un plan de mise à jour de ses compétences ou de recrutement de nouveaux personnels afin d'adapter leurs profils aux nouveaux défis.

Chaque menace sérieuse ou faiblesse grave relevée pendant les diagnostics internes et externes devra faire l'objet de formations adéquates du personnel, le but de la formation étant de réduire les faiblesses, d'anticiper la menace et de faire face à sa survenance le cas échéant. Il en est de même pour chaque opportunité dont les besoins de formation seront analysés afin que de l'établissement public puisse en tirer le bénéfice optimal.

VI.2.4. Préparer le document des orientations générales d'un Plan de Management Stratégique

Le document des orientations générales du Plan de Management Stratégique de l'établissement public permettra de décliner les démarches stratégiques nécessaires pour chacune des missions statutaires en mettant en exergue les sources de financement prévues pour rendre opérationnelles les décisions stratégiques. Le Plan de Management Stratégique indiquera aussi les besoins en formation nécessaires pour renforcer les capacités managériales du Directeur Général et du Directeur Général Adjoint, dans le cadre de l'accomplissement efficace et efficiente de leurs missions.

VI.2.5. Élaborer des textes d'encadrement des comportements et des outils de contrôle et de pilotage de la performance

Les principaux outils de contrôle et de pilotage de la performance seront définis dans 7 manuels de procédures qui couvriront tous les départements et domaines d'activités de l'établissement public. Par ailleurs, un règlement intérieur et un code éthique mis à jour permettront d'assurer le respect de l'orthodoxie comportementale, managériale et opérationnelle, ainsi que la sauvegarde des valeurs de l'établissement public. Lesdites valeurs seront incarnées par la vision de l'entreprise.

La conduite du diagnostic stratégique devra suivre une sous-méthodologie à quatre (04) phases comme indiqué ci-dessous :

- **_Phase 1 :_** collecte des informations et données à partir de la revue documentaire (décrets, publications, documents de gestion déjà préparés par l'établissement public) et des entretiens avec les personnes ressources (conseiller techniques, inspecteurs généraux, directeurs et autres employés de l'établissement public, points focaux des administrations, partenaires, tiers, etc.) ;
- **_Phase 2 :_** Analyse et formulation synthétique des informations et données conformément aux critères de suivi prévus dans les Tableaux de suivi des livrables et des échéances ;
- **_Phase 3 :_** Restitution de la synthèse des informations et données analysées et prise en compte des suggestions/recommandations après la revue de l'atelier de validation avec l'établissement public ;
- **_Phase 4 :_** Mise à jour des rapports des différents diagnostics et finalisation des livrables.

VI.2.6. Livrables attendus

Les différents diagnostics auront pour finalité d'une part de faire l'état général des lieux de l'établissement public, et d'autre part d'élaborer plusieurs documents de gestion opérationnelle au sein des services centraux et des centres régionaux de l'entreprise. Les onze (11) livrables attendus sont :

- le Business Plan Stratégique sur 5 ans ;
- le manuel des procédures administratives ;
- le manuel des procédures budgétaires, comptables et financières ;
- le manuel des procédures de gestion du patrimoine ;
- le manuel des procédures de gestion des ressources humaines ;
- le manuel des procédures du centre de documentation ;
- le manuel des procédures des activités marketing et de relations publiques ;

- le *Key Performance Indicator and monitoring model* (tableau de bord de mesure et de suivi de la performance) ;
- le plan général des formations ;
- le règlement intérieur ;
- le code éthique et déontologique.

Les deux derniers livrables (règlement intérieur et code éthique et déontologique) feront partie du manuel des procédures de gestion des ressources humaines et ne seront donc pas présentés en détail dans le présent ouvrage.

A. Le Business Plan Stratégique sur 5 ans

Le Business Plan Stratégique jettera les bases ou référentiels du déploiement opérationnel de l'établissement public. Il permettra de savoir quelle est la vision de l'entreprise, et quelles sont les feuilles de route et les moyens que l'établissement public se définit afin d'atteindre ses objectifs mensuels, trimestriels, semestriels et annuels. Ce livrable contiendra toutes les études de faisabilité (études du marché, études techniques, et études financières) liées au montage des projets de création et de rentabilisation des biens corporels (immeubles) et incorporels (obligations, actions, et autres prises de participations) de l'établissement public. Le Business Plan stratégique sera également une garantie de confort pour le gouvernement à travers le Conseil d'Administration, d'une part, et les partenaires financiers de l'établissement public d'autre part. Le Business plan stratégique de l'établissement public sera donc un critère sérieux de mobilisation des financements additionnels.

B. Le manuel des procédures administratives

Ce livrable permettra à l'établissement public de mettre à jour ou de formaliser tous les aspects liés à la gestion du courrier physique et électronique, le traitement de ce courrier au départ et à l'arrivée, la gestion de la télécopie et du téléphone, la gestion des archives et la gestion de l'internet. Le manuel des procédures administratives traitera également des procédures de passation des marchés en indiquant la règlementation applicable, la méthodologie d'élaboration des plans de passation des marchés, les modes de sélections des fournisseurs et prestataires, et les protocoles de validation des livraisons et livrables. Il s'agira aussi, dans ce manuel, de prévoir les procédures de gestion des missions et déplacements professionnels.

C. Le manuel des procédures budgétaires, comptables et financières

Sur le plan budgétaire, ce manuel précisera les procédures de préparation du budget général, le calendrier d'élaboration des budgets, le suivi et le contrôle de l'exécution budgétaire, ainsi que les modalités de révision budgétaire.

Sur le plan comptable, le manuel indiquera l'organisation comptable et la structuration du système comptable de l'établissement public. Il renseignera sur les règles comptables selon les règles de comptabilité publique, la loi de règlement et selon l'OHADA (Organisation pour l'Harmonisation en Afrique du Droit des Affaires) en mettant l'emphase sur l'application des principes comptables fondamentaux tels que l'image fidèle, la sincérité, la continuité de l'exploitation, la permanence des méthodes comptables, et le principe de prudence. Par ailleurs, le manuel des procédures comptables traitera des pièces comptables, des journaux comptables, des schémas d'écritures, des audits comptables et financiers, et des plannings des travaux comptables (production des éléments du tableau de bord mensuel et planning d'arrêté des comptes annuels).

Sur le plan financier, le manuel présentera le cadre de la gestion financière et les flux financiers de l'établissement public. Il s'agira de prévoir les procédures de gestion de la trésorerie, de mobilisation des finances de l'établissement public ainsi que les modalités d'encaissement et de décaissement des fonds.

D. Le manuel des procédures de gestion du patrimoine

Ce manuel prévoira les procédures de gestion des immobilisations corporelles et incorporelles ainsi que des stocks de l'établissement public. Le manuel passera en revue les modalités d'entrée et de sortie du patrimoine. Il précisera aussi les procédures de conduite des inventaires et de gestion du matériel roulant ; la valorisation et le renouvellement des stocks. Les procédures de gestion du patrimoine indiqueront d'une part, comment la codification des immobilisations se fera et, d'autre part, les modalités et responsabilités en matière d'entretien et de réparation des immobilisations.

E. Le manuel des procédures de gestion des ressources humaines

Il s'agira de déterminer les procédures d'identification des besoins en nouveaux personnels, les modalités de recrutement, les techniques d'identification des besoins en formation du personnel, les modalités de détermination et de calcul des salaires et autres rémunérations du personnel, les modalités de prise de congé, de licenciement et de mise en retraite, le règlement intérieur, le code éthique et déontologique, et les politiques de gestion des carrières.

F. Le manuel des procédures du centre de production des biens et services

La gestion du centre de conception et de production intellectuelle des documents, des biens ou des services marchands et non marchands de l'établissement public devra être structurée et formalisée en retraçant tous les circuits allant de l'acquisition des intrants, matières premières ou données (fournisseurs, ateliers, séminaires, réunions internes, etc.) jusqu'à la livraison du produit fini ou semi-fini dans une démarche de qualité totale. Il s'agira de prévoir les procédures liées à l'élaboration et la gestion d'un plan directeur de production, celles liées au management des processus et de la qualité par l'intégration des certifications et validations nécessaires, à la gestion optimale de chaque projet interne, à la gestion de la technologie au sein du département de production, à la gestion des prévisions, à la planification et la gestion des stocks et des flux d'informations, et à la gestion de la *supply chain* de l'établissement public de façon générale.

G. Le manuel des procédures des activités marketing et de relation publique

Les activités marketing seront menées conformément à un plan marketing dont les principes d'élaboration seront contenus dans le manuel des procédures des activités marketing et de relation publique. En détail, il s'agira de déterminer les procédures à appliquer pour analyser les situations de l'environnement des marchés, le chemin à suivre pour la détermination de la stratégie marketing de l'établissement public, la mise en œuvre de la stratégie, et les procédures d'évaluation des performances marketing et de relation publique en liaison avec les objectifs globaux de l'établissement public. Sur le plan des relations publiques, il s'agira de définir les procédures de gestion de la relation entre l'établissement public et son environnement, et du protocole en matière de communication interactive et en temps réel sur internet avec les acteurs et tiers.

H. Key Performance Indicator and monitoring model (tableau de bord de mesure et de suivi de la performance)

Le tableau de bord de mesure et de suivi de la performance est un livrable qui sera utilisé en premier chef par la direction de la stratégie ou celle du contrôle de gestion de l'établissement public. Cet outil se présentera sous la forme d'un fichier EXCEL ou ACCESS avec des données quantitatives et qualitatives. Il permettra d'évaluer trimestriellement l'application des orientations stratégiques de la direction générale, les relations entre toutes les parties prenantes au projet « ETABLISSEMENT PUBLIC », le positionnement de la marque « ETABLISSEMENT PUBLIC » sur le marché, le niveau des ressources financières, la capacité d'autofinancement, le niveau d'endettement, la maîtrise des coûts des opérations, le contrôle interne et le taux de fluidité des informations au sein de l'établissement public, ses services centraux et centres régionaux, l'opinion que se fait la société civile, le gouvernement ou la presse sur l'établissement public, l'état du développement et de la motivation du personnel.

I. Le Plan Général des formations

Un Plan Général des Formations sera proposé à l'établissement public. Il ressortira, pour chaque direction, division ou service, toutes les formations nécessaires dont le personnel aura besoin pour s'adapter aux nouveaux défis issus du nouveau Plan de Management stratégique de l'établissement public.

VI.3. Projet de chronogramme d'une mission type

Etapes du chronogramme	Nombre d'experts nécessaires	Préparation des TDR	Revue documentaire et entretiens	Traitement des informations (analyses et synthèses)	Restitution en atelier	Délais en jours pour livraison des rapports
			Détermination du nombre de jours de travail			
Définition de la vision de l'entreprise						
Etablissement du référentiel du diagnostic stratégique	6					
Le diagnostic interne						
Le diagnostic des ressources humaines		2	4	3	0,4	9,4
Le diagnostic financier		1	3	3	0,4	7,4
Le diagnostic organisationnel		1	2	2	0,4	5,4
Le diagnostic opérationnel		2	4	4	0,4	10,4
Le diagnostic du système d'information		2	3	4	0,4	9,4
La réalisation du diagnostic externe		2	5	5	0,4	12,4
Elaboration de la matrice des menaces sérieuses à minimiser, des faiblesses à limiter et des opportunités réelles à saisir	2	2	2	2	0,4	6,4
Conception des termes de référence du Plan Général de Formation ainsi que les termes de référence des nouvelles compétences à recruter	1	1	2	2	0,4	5,4
Préparation du document des orientations générales d'un Plan de Management Stratégique (PMS)	1	0,25	0,25	0,25	0,4	1,15
Elaboration des outils de contrôle et de pilotage de la performance	3	2	3	5	0,4	10,4
TOTAUX	13	15,25	28,25	30,25	4	77,8

VI.4. Conclusion et propositions aux Conseils d'Administration

Faisant suite au décret N° 2017/010 du 12 juillet 2017 ci-dessus indiqué et notamment en ses articles 4 traitant de l'autonomie financière, et 37, alinéa 1, où il est indiqué que le Directeur Général est chargé de « gérer les biens meubles et immeubles, corporels et incorporels de l'établissement public », un chapitre traitant d'un diagnostic et d'un Plan de Management Stratégique au sein de chaque établissement public est ainsi proposé. Ce dernier chapitre a pour but de permettre aux établissements publics de s'approprier et d'opérationnaliser le décret ci-dessus en rendant effective et/ou en renforçant leur performance et autonomie financière ; tout en contribuant éventuellement à animer les activités de la bourse des valeurs de Douala, par l'introduction et la gestion de leurs fonds, valeurs et autres biens « incorporels » sous forme de prise et de cession de participations, d'actions et obligations diverses.

Par conséquent, le diagnostic et le Plan de Management Stratégique dont nous proposons l'élaboration au sein de chacun des établissements publics, permettra aussi de mieux faire face à une « conjoncture internationale défavorable, en raison notamment de la baisse persistante des cours des matières premières » comme l'a précisé S.E Paul BIYA lors de son message à la nation le 31 décembre 2017. Le Chef de l'État a continué en indiquant que cette situation a conduit à « des difficultés de trésorerie » au niveau de l'État et à la signature en juin 2017 d'une « Facilité élargie de crédit » avec le Fonds Monétaire International.

Nous formulons par conséquent les suggestions suivantes pour faire face à ces « difficultés de trésorerie » et contribuer à faire émerger un système de croissance aux causes plus inclusives et endogènes :

Suggestion 1

Après livraison à l'établissement public de tous les outils, textes et manuels de procédures ci-dessus présentés, nous pensons qu'il serait important, voire nécessaire, que chaque direction générale élabore un plan d'action pour la conduite des programmes de formation.

Suggestion 2

La réussite de la mise en œuvre de toutes ces nouvelles procédures est fortement tributaire de la création d'un comité de gestion du changement et de pilotage de l'innovation au sein de chaque établissement public. En effet, cette recommandation se justifie par le fait que l'inexistence d'une équipe de conduite et de pilotage du changement au sein des organisations entraîne souvent une mauvaise appropriation des nouveaux outils, ainsi qu'une résistance consciente ou inconsciente du changement par certains acteurs au sein de l'organisation.

Suggestion 3

Les résultats obtenus des différents diagnostics devraient conduire à une nouvelle opérationnalisation des missions, des liens hiérarchiques, et de la coordination des activités de l'établissement public concerné. Nous recommandons par conséquent une mise à jour de l'organigramme après réception des livrables.

Conclusion générale

Comme nous l'avons vu tout au long de cet ouvrage, les notions d'économie et du savoir sont une réalité au Cameroun depuis sa découverte, en passant par les périodes des administrations allemandes, françaises et anglaises. Que ce soit dans le grand Nord, dans les *grassfields* à l'Ouest ou dans le grand Centre, Sud et Est, les peuples autochtones du Cameroun disposaient déjà et administraient des structures de base au développement socio-économique. Avec le développement des échanges entre continents et la mondialisation impulsée par une communication plus dynamique de l'information stratégique, le savoir est devenu de plus en plus l'élément déterminant du pouvoir économique et même géopolitique des États et surtout des acteurs privés. Al Gore précise dans ce sens que « avec la mondialisation simultanée de l'information et des marchés, ce sont maintenant des acteurs privés – des sociétés multinationales, réseaux d'entreprises, mais aussi des milliards d'individus de la classe moyenne – qui voient leur puissance s'accroître de manière implacable. » (Gore, 2013, p. 126). Les États voient de plus en plus leurs pouvoirs séculaires s'effriter de façon inquiétante.

Ainsi, le pouvoir n'est plus seulement lié à la détention des biens matériels. Le pouvoir est aussi et surtout lié à la capacité d'accès et à l'utilisation de l'information stratégique, à la détention du savoir (connaissances théoriques) du savoir-faire (connaissances appliquées), du savoir-qui (capacités relationnelles et de développement des réseaux), et du savoir-être (qualités interpersonnelles de connaissance de soi, d'éthique, de leadership, et de visionnaire humaniste).

Le monde est aujourd'hui dans une pleine mutation qui a donné naissance à ce que Peter Drucker appelle « *knowledge society* » ou société du savoir. Il s'agit d'une société dans laquelle règne une forte diffusion des informations qui agrègent les savoirs de telle sorte que ces derniers deviennent des facteurs économiques stratégiques : c'est l'économie de la connaissance. (Drucker, 1969). Avec le développement de l'internet et du numérique, cette société du savoir se complexifie davantage et laisse place à de nouveaux types de savoirs. En effet, du *know-how* (savoir-faire ou capital organisationnel lié à l'expertise), le développement et l'exploitation des réseaux ouvre la voie au *know-who* (savoir-qui ou capital relationnel). L'optimisation du capital relationnel est réalisée grâce au *know-what* (savoir-quoi ou capital humain lié à la compétence).

La société de savoir a pour principaux vecteurs une éducation de qualité et une formation à vocation professionnelle, adaptée aux besoins des industries et des innovations technologiques. Au niveau supérieur, c'est-à-dire universitaire et postuniversitaire, il est impératif de pratiquer davantage la recherche-développement appliquée. Cette quête se fera grâce au développement de l'intelligence économique et la vulgarisation de l'utilisation de l'information par le numérique. Un accent particulier doit être ainsi mis à la définition des politiques budgétaires de l'État et des entreprises. Des lignes importantes des budgets doivent être allouées à la recherche-développement et au développement d'une diplomatie plus orientée vers l'économie et le commerce international des produits locaux.

L'information est ainsi devenue une arme qui confère à son détenteur la capacité d'anticiper et d'agir avant les autres individus. C'est ce qui est fait au sein des marchés grâce aux réseaux, à l'automatisation, à l'informatisation et au traitement rapide des tonnes d'informations financières, politiques, sociales et économiques où des acteurs gagnent des milliards de dollars américains en réalisant des opérations d'arbitrage grâce au contrôle de l'exclusivité de l'information pendant un temps donné. Pour ce faire, des pays, des organisations ou des entreprises mettent en œuvre des outils tels que l'intelligence économique afin d'observer, de veiller, d'espionner, d'enquêter, de collecter, de traiter et de diffuser dans leurs systèmes de production, des données qui leur permettent de devenir compétitifs sur les marchés. Il y va de la survie des nations pour certaines, et de la continuité hégémonique pour d'autres, dans un contexte où la géostratégie militaire a cédé la place à la géostratégie économique avec pour nouvelles armes le *soft power* et la diplomatie basée sur les rapports de force entre nations.

Si nous admettons que la force d'une nation c'est aussi et peut-être d'abord son éducation et sa prise de conscience, nous pouvons donc dire que sa géostratégie économique, comme système d'ensemble, définira des sous-systèmes dynamiques, souverains et porteurs d'indépendance culturelle, politique et surtout monétaire pour le bien-être véritable de sa population. Nous avons ainsi constaté après analyse, que le Cameroun a mal dans son système de géostratégie économique. Les sous-systèmes de politique de l'éducation, d'intelligence économique, de politique budgétaire et de politique monétaire sont quasiment asphyxiés et inopérants. Ce qui rend le système financier camerounais incapable d'assurer le financement à long terme de l'économie. La majorité des investissements lourds au Cameroun bénéficient des financements à l'international à des coûts de crédit exorbitants par rapport aux marchés comme nous l'avons vu plus haut avec le cas des financements de l'AIF.

Avec le Fonds d'Investissement dont nous proposons la création, les entreprises camerounaises pourraient bénéficier de nouveaux financements moins coûteux et plus sains au regard de l'intégrité, de la protection et de la pérennité des capitaux nationaux dans ces entreprises. Grâce aux calculs économétriques et mathématiques avancées appliqués à la finance, grâce à des logiciels et systèmes d'exploitation informatiques indiqués, et enfin grâce à un bon capital relationnel ou des réseaux développés et à développer au sein des marchés financiers internationaux en général et au sein des marchés des taux de change en particulier, le FNSI pourra faire des gains importants à l'international et les reverser, sous forme de prêts ou de prises de participation, aux entreprises à capitaux camerounais pour leurs besoins d'investissement. Comme exposé plus haut, des techniques appropriées et des organisations spécialisées existent et accompagneront le FNSI dans la mitigation des risques d'investissements auprès des marchés des taux de change. Les opérations d'arbitrage pur seront le domaine d'activités stratégiques prioritaires dudit Fonds d'Investissement.

Il apparaît donc impératif voire indispensable de repenser un système de géostratégie économique du Cameroun qui puisse donner à ce pays une opportunité de financer à moindre coût ses investissements lourds sans pour autant compromettre sa souveraineté politique et monétaire. Nous avons ainsi proposé la création d'un Fonds non souverain Stratégique d'Investissements. Comme le dit Yi King[68], « la faiblesse l'emporte sur la force » (Wilhelm & Perrot, 1967). À l'exemple de ce que prescrit Fayard, il est question « d'affecter la source qui fait la force » de l'adversaire ou de l'ennemi du système financier

---

[68] Le yi king est un manuel chinois dont le titre peut se traduire par « Classique des changements » ou « Traité canonique des mutations »

camerounais. Il s'agit de « déplacer le point d'appui » de cet ennemi comme l'enseigne Sun Tzu[69]. (Fayard, 2007). La vision stratégique du FNSI est de contribuer à bâtir un système financier camerounais plus fort, plus indépendant, plus efficace et plus efficient. Il s'agit de s'engager dans le visible en posant des actions concrètes, et à l'emporter dans l'invisible. C'est le stratagème de « vaincre dans l'ombre » qui fait place à une tactique de « gesticulation diurne, action nocturne ».

Il est vrai que l'idée d'un Fonds d'Investissement camerounais appelle à un changement drastique et fondamental du paysage financier local. C'est pour cette raison qu'une approche stratégique et pratique de pilotage de ce changement devrait être considérée et menée par toutes les principales parties prenantes que sont l'État et le FNSI. Comme nous l'avons vu tout au long de cet ouvrage, « la conjoncture générale est tellement instable que l'on a tout avantage à mettre en place une organisation active, dynamique, capable de s'ajuster aux nouvelles modifications qui lui seront éventuellement demandées. (…). Il s'agit de mettre en place un type d'organisation qui dispose des compétences nécessaires pour vivre en *état de changement* durant une période prolongée. On parle d'*organisations intelligentes* » (Collerette & Schneider, 2007, pp. 303-308) et aussi d'intelligence contextuelle.

Au demeurant, l'État lui-même en tant qu'entité qui se veut souveraine et puissante doit réguler l'activité économique et assurer le bien-être de toutes ses populations. Il est donc appelé à « prendre le taureau par les cornes ». Il n'est pas dit que cette « prise » doit être brutale et forcément ostentatoire. Elle peut aussi être

---

[69] Général d'armée et Stratège chinois. Auteur de *L'Art de la guerre* dans lequel l'on apprend à vaincre l'ennemi sans le combattre frontalement.

discrète et méticuleusement planifiée et menée. L'État étant un tout et en même temps chacun d'entre nous, nous devons nous inspirer de la stratégie de l'eau qui arrive toujours à prendre la forme de son récipient. Dans un verre, l'eau a la forme d'un verre. Dans un vase, l'eau prend la forme du vase. Sur une surface plate, l'eau s'étale... Le contexte de la mondialisation des échanges et la globalisation financière nous sont propices pour développer un Fonds d'Investissements Performants. Un échec dans ce projet ne serait qu'une semence heureuse pour une tentative future meilleure. Cependant, la réussite est notre option ; elle est notre motivation. La réussite apparaît gracieusement sur les deux facettes de notre pièce de monnaie. En effet, comme le dit un proverbe Bantou, « La plus petite récompense dans l'échec, c'est le courage d'avoir essayé. La plus grande récompense dans la réussite, c'est le pouvoir d'améliorer des vies. ».

Comment appréciez-vous donc ce Plan de financement de l'économie camerounaise ? Est-ce une ambition ? Est-ce une révolution ? En tout état de cause, que ce soit une ambition ou une révolution, le moment semble venu pour les Africains de rattraper les grands retards de leurs économies. Pour le cas de l'économie camerounaise, nous devons enfin vivre la vision nationaliste (cependant modernisée) des pères de l'indépendance, dans un monde de plus en plus changeant et dominé par de nouveaux paradigmes du pouvoir. Quels pouvoirs pour un Cameroun qui cherche encore son émergence « dans cette mondialisation où l'influence se mesure en parts de marché et en excellence technologique ? » (Francois Hollande, *Les leçons du pouvoir*, Éditions Stock, p.6)

Bibliographie

Ouvrages

Amadieu, J. F., & Cadin, L. (1996). Competence et organisation qualifiante. *Economica, Paris*.

Ambassa, L. (2013). *Gestion de Production* (éd. 2e). Yaoundé: Insight Gestion Edition.

Anta Diop, C. (1981). *Civilisation ou Barbarie*. Paris: Présence africaine.

Berk, J., & DeMarzo, P. (2011). *Finance d'entreprise* (éd. 2e). Paris: Pearson Education France.

Collerette, P., & Schneider, R. (2007). *Le pilotage du changement - Une approche stratégique et pratique*. Québec: Presses de l'Université du Québec.

Croutsche, J. -J. (2008). *Marketing & Business*. Paris: Editions ESKA.

Dahmani, A. (2004). Les TIC : une chance pour l'Afrique ? Dans J. J. Gabas, *Société numérique et développement en Afrique, usages et politiques publiques* (pp. 13-34). Edition Karthala.

Djamen, J.-Y. (2008). *Gouvernance et Intelligence artificielle*. Paris: Afrédit - Africaine d'édition.

Doudjidingao, A. (2011). *Education et croissance en Afrique : une analyse comparative des pays anglophones, francophones et maghrébins*. Paris: Etudes africaine, Harmattan.

Drucker, P. (1969). *The Age of Discontinuity. Guidelines to Our Changing Society*. New York: Harper and Row.

Dupuy, M., Cardebat, J.-M., & Jegourel, Y. (2006). *Finance internationale.* Paris: Dunod.

Durand, J. -P., Stewart, P., & Castillo, J. -J. (1998). *L'avenir du travail à la chaîne, une comparaison internationale dans l'industrie automobile* (éd. Collection "recherches"). Paris: La Découverte.

Ele Aitkins, L. D. (2015). *Cameroun : Le Gestion de la Trésorerie de l'État.* Yaoundé: 21rst Century.

Fayard, P. (2007). *Comprendre et appliquer Sun Tzu - La pensée stratégique chinoise : une sagesse en action.* Paris: Dunod.

Fokam K., P. (2010). *L'entreprise africaine et la mondialisation.* Yaoundé: Afrédit.

Fokam K., P. (2016). *L'Intelligence économique : une arme redoutable dans la bataille économique mondiale.* Yaoundé: Africaine d'édition.

Gore, A. (2013). *Le futur - Six logiciel pour changer le monde.* Paris: Editions de la Martinière.

Keynes, J. (1919). *Les conséquence économiques de la paix.* (P. franck, Trad.) Cambridge: Nouvelle revue française.

Keynes, J. M. (1923). *Tract on Monetary Reform.* London: Macmillan and Co.

Karpik, L. (2007). *L'économie des singularités.* Paris: Gallimard.

Hollande, F. (2018). *Les leçons du pouvois,* Édition stock.

Lemoine, M., Madiès, P., & Madiès, T. (2012). *Les grandes questions d'économie et de finance internationales* (éd. 2e). Bruxelles: De Boeck.

Mankiw N., G. (2010). *Macroéconomie.* Paris: Edition De Boeck.

Martucelli, D. (2010). *La société singulariste.* Paris: Armand Collin, Coll.

Menger, P.-M. (2002). *Portrait de l'artiste travailleur.* Paris: Editions du Seuil.

Mishkin, F., Christian, B., Pierre-Cyrille, H., Lacoue-Labarthe, D., & Ragot, X. (2010). *Monnaie, banque et marchés financiers.* Paris: Pearson education France.

Mouhoub, E. M., & Plihon, D. (2009). *Le savoir & la finance.* Paris: La Découverte.

Ndjere, E. (2014). *Une vie Austère ou une galère ?* Yaoundé: Harmattan.

Pondi, J.-E. (2015). Repenser le développement à partir des spécificités africaines. Dans J.-E. Pondi, *Repenser le développement à partir de l'Afrique* (pp. 479-500). Yaoundé: Africaine d'Edition.

Ritzman, L., Krajewski, L., Renart, J., & Townley, C. (2010). *Management des opérations.* Paris: Pearson Education France.

Robbins, S., DeCenzo, D., & Gabilliet, P. (2008). *Management - L'essentiel des concepts et des pratiques* (éd. 6e). Paris: Pearson Education France.

Shiller, R. J. (1989). *Market Volatility.* Cambridge: MIT Press.

Shiller, R. J. (2014). *Le nouvel ordre financier - La finance moderne au service des nouveaux risques économiques.* Paris: De Boeck.

Stutely, R. (2007). *The Definitive Business Plan.* London: Pearson Education.

Timmermans, P., & Wilmots, H. (2013). *Financement des entreprises - Guide pratique pour une strategie durable.* Bruxelles: Stefan Maes.

Wilhelm, R., & Perrot, E. (1967). *Yi King - Le livre des transformations.* Paris: Médicis Entrelacs.

Wren, D. A. (1993). *The Evolution of Management Thought.* New York: John Wiley & Sons.

Zarifian, P. (1995). *Le travail et l'évènement.* Paris: L'Harmattan.

Zvi, B., & Merton, R. (2011). *Finance* (éd. 3e). Paris: Pearson Education Fance.

Articles

Delors, J. (1996). *L'Education : Un trésor caché dedans.* Paris: UNESCO.

Fouda Ekobena, S. Y. (2013). Politique monétaire et croissance économique en zone CEMAC. 25.

Hall, D. T., & Mirvis, P. H. (1996). The New Protean Career. Psychological Success and Path with a Heart. *D.T Hall and Associates*, pp. 15-45.

Hamel, J. L. (2005, Juin). *Unleashing the Power of Knowledge for meeting MDGs ans Sustainable Development in Africa.* Consulté le Février 13, 2017, sur www.wordwendang.com.

Perrin, D. (1985). La gestion des cadres : acteurs de leurs carrieres.

Song, M. (2002, Avril 22). Samsung Electronics Net Rises 54%. *Wall street Journal*, B4.

Revues

Brun, J.-P., & Dugas, N. (2005). La reconnaissance au travail : analyse d'un concept riche de sens. *Gestion, 30*(2).

Clinton, K. (1988). Transaction Costs and Covered Interest Arbitrage: Theory and Evidence. *Journal of Political Economy*.

Feldman, D. C., & Weitz, B. A. (1991). From the invisible hand to the gladhand: understanding a careerist orientation to work. *Human Resource Management, 30*, pp. 237-257.

Guerrero, S. (2000). *Les comportement nomades en matiere de carriere sont-ils source de reussite professionnelle ? Comparaison entre la mobilite et l'internationalisation du poste.* Actes du XIIe congres de l'AGRH.

Hall, D. T. (1976). Careers in organizations. *Goodyear Publishing Company*.

Khanna, T., & Rivkin, J. W. (2015, Octobre). L'Intelligence Contextuelle. *Havard Business review*.

Kim, C., & Renée, M. (2015, Août). La Stratégie Océan Bleu. *Le Must de la Stratégie*.

Lallement, M. (2007). *Le travail : une sociologie contemporaine.* Gallimard.

Martin, D. P. (1999, Mai-juin). Autonomie conditionnelle et niveau de controle dans la gestion des flux physiques intra et intern organisationnels, elements d'analyse. *Revue de Gestion des Ressources Humaines*(31), pp. 6-21.

Maslow, A. (1943). A theory of human motivation. *Psychological review, 50*(4), pp. 370-396.

Schweiser, P. (1993). Friendly Spies. *The Atlantic Monthly Press*.

Taylor, M. (1989). Covered Interest Arbitrage and market Turbulence. *The Economic Journal*, 376-91.

Veltz, P., & Zarifian, P. (1993). Vers de nouveaux modèles d'organisation ? *Sociologie du travail, № 1*, pp. 3-25.

Cours magistraux ou exposés

Bikanda, P. J. (2015, Décembre). Marketing - E-MBA 2015. *Université Catholique d'Afrique Centrale.* Yaoundé.

Mémoires et thèses

Brah Moumouni, A. (2014). *Mémoire de recherche : L'économie du savoir et le développement des pays de l'Afrique subsaharienne.* Ottawa: Université d'Ottawa.

Rapports

Martre, H. (1994). *Intelligence économique et stratégie des entreprises.* Paris: Documentation française.

Table des matières

Liste des sigles et abreviations..................................13
Avant – propos..................................17
Introduction générale..................................27
Chapitre I
Le Cameroun et son économie :
historicité et développement..................................31

    I.1. Structuration des organisations politiques et socio-économiques du Cameroun à l'époque précoloniale ...32

        I.1.1. Les institutions politiques et socio-économiques du Nord et de l'Ouest..................................32

        I.1.2. Les institutions politiques et socio-économiques de la zone forestière..................................33

    I.2. Structuration des organisations politiques et socio-économiques du Cameroun sous protectorat allemand...................................35

    I.3. Structuration des organisations politiques et socio-économiques du Cameroun après la première guerre mondiale...................................40

        I.3.1. La liquidation des biens allemands après la première guerre mondiale...................................41

        I.3.2. Le régime foncier..................................42

        I.3.3. La recherche de l'autosuffisance alimentaire. 44

        I.3.4. Le développement économique à travers l'amélioration des infrastructures routières pour la

vulgarisation des cultures dites d'exportation
et des produits importés. 46

Chapitre II
Économie du savoir, arbitrage financier
et modes de financement des entreprises 51

  II.1. Économie du savoir 52

    II.1.1. Les principales formes
    de l'économie du savoir 52

      A. Le capital intellectuel 53

      B. L'économie numérique. 54

    II.1.2. Les outils de l'économie du savoir................55

      A. La Recherche et le Développement (R&D) et
      des droits de la propriété intellectuelle. 56

      B. L'intelligence économique. 57

  II.2. La spéculation financière opposée à l'arbitrage
  dans les marchés des changes 59

    II.2.1. Rapports entre arbitrage
    et spéculation financière 59

      A. Le marché des changes. 59

      B. La spéculation et l'arbitrage sur le marché
      des changes. 61

    II.2.2. Conditionnalités et exploitation des opportunités
    d'arbitrage sur le marché des changes 63

      A. Conditionnalités
      pour une situation d'arbitrage. 63

      B. Exploitation des opportunités d'arbitrage 64

      C. Gestion des risques liés aux placements. 67

  II.3. Principaux modes de financement et éléments
  d'une levée de fonds efficace.......................................68

II.3.1. Financement du capital..................68

II.3.2. Financement de l'endettement. 70

II.3.3. Financement hybride : le quasi-capital..........72

II.3.4. Eléments clés d'une levée de fonds efficace. 72

Chapitre III
Les obstacles au développement de l'économie du savoir et structuration du système financier camerounais 77

III.1. Causes structurelles..........................79

III.1.1. La majorité de la population vit dans des zones rurales enclavées. 80

III.1.2. Faible indice d'accès numérique..................80

III.1.3. Les préjugés ou mythe de la suprématie occidentale ou complexe d'infériorité de l'Africain. 81

III.2. Causes conjoncturelles..........................84

III.2.1. Des programmes d'enseignement inadaptés 85

III.2.2. Faible allocation des budgets pour les dépenses de R & D..................86

III.2.3. Inexistence de la pratique de l'intelligence économique et des structures de promotion de cette nouvelle arme de développement économique 88

III.3. Structuration du Système Financier Camerounais....................90

III.3.1. Financement du secteur public par la politique budgétaire. 93

A. Les ressources budgétaires..............94

1. Les recettes fiscales......................94

2. Les recettes courantes non fiscales 94

3. Les transferts, cotisations, dons et legs........94

    4. Les recettes en capital 94

    5. Les recettes sur opérations financières. 95

  B. Les charges budgétaires. 95

    1. Les dépenses courantes. 95

    2. Les dépenses d'investissement. 95

    3. Les dépenses sur opérations financières. 95

III.3.2. Financement des secteurs privé et public par le biais de la politique monétaire. 96

Chapitre IV
Analyse et évaluation
du système financier camerounais 99

  IV.1. Analyse des forces, faiblesses, opportunités, et menaces du Système Financier Camerounais. 100

    IV.1.1. Forces 100

      A. La renaissance et l'émergence d'une nouvelle pensée stratégique africaine. 100

      B. La position et le poids stratégiques du Cameroun au sein de la CEMAC 102

    IV.1.2. Faiblesses 104

      A. Le franc CFA 104

      B. Le faible niveau d'activités de la bourse des valeurs et du marché financier de l'Afrique Centrale et du Cameroun. 105

      C. La faible bancarisation de l'économie 107

    IV.1.3. Menaces. 108

      A. Le déficit des finances publiques. 108

      B. De nouvelles dévaluations du franc CFA 109

      C. La « mauvaise mondialisation » 109

  IV.1.4. Opportunités 111
   A. La mondialisation des économies et des marchés financiers 111
   B. L'élection présidentielle de 2018 112

IV.2. Système financier Camerounais et financement : Cas du financement des Aéroports du Cameroun (ADC) par une Agence Internationale de Financement (AIF) 114

  IV.2.1. Illustration des financements non-souverains de l'AIF 114

  IV.2.2. Essai de définition des prêts dits non souverains 116

  IV.2.3. Les risques liés à un prêt non souverain d'une nation étrangère aux velléités insatiables de suprématie politique, économique et monétaire 116

   A. L'autre visage d'une certaine agence internationale de développement : le risque d'asservissement prolongé de l'économie camerounaise. 117

   B. Les performances des ADC au fil des ans et le risque de non remboursement du prêt. 119

   C. Risque lié à l'influence accrue du système financier international sur l'économie camerounaise 120

   D. Canevas de perspectives pour une réorientation des modes de financement des entreprises à capitaux publics. 121

Chapitre V
Perspectives et recommandations pour un fonds stratégique de financement des entreprises camerounaises 123

V.1. Approche stratégique et recommandation..........124

V.2. Création et fonctionnement d'un Fonds Non-Souverain Stratégique d'Investissement (FNSI)........124

    V.2.1. Management stratégique des RH pour une performance globale du FNSI................................125

        A. Le sentiment de reconnaissance au travail : proposition d'un instrument de mesure...............125

        B. Nouvelles formes d'organisation du travail et tensions sociales : vers de nouvelles problématiques pour la GRH ?....................................127

        C. Vers un management des ressources humaines durable et bienveillant...128

    V.2.2. Compréhension du système de production des fonds : développement des opérations sur les marchés des changes à l'international................................130

        A. Comprendre les systèmes d'organisation et de gestion de la production : quelle solution au conflit entre stratégie générale et stratégie fonctionnelle de la production ?...130

        B. Les approches décisionnelles des systèmes de production : le management stratégique des ressources..132

        C. La régulation des systèmes de production : qui du fournisseur des intrants, du fabricant ou du commercial est le plus important pour l'équilibre du système de production ?..................................133

        D. Placements dans des marchés des changes et couverture du risque de taux de change défavorable..134

    V.2.3. Les activités Marketing du FNSI................134

V.3. Réforme de la politique gouvernementale en matière de R&D et sur le plan des APE avec l'U.E...136

    V.3.1. Réformes en matière de Recherche et Développement. 137

    V.3.2. Réformes sur le plan des Accords de Partenariat Economique entre le Cameroun et l'Union Européenne. 139

Chapitre VI
Comment rendre les établissements publics plus performants dans un contexte de rareté des fonds et de facilité élargie de crédit avec le FMI ?........................... 141

    VI.1. Renforcement du management des Directions Générales et de l'autonomie financière réelle des établissements à capitaux publics conformément au décret N° 2017/010 du 12 juillet 2017 portant statut général des établissements publics............................ 142

    VI.2. Méthodologie ou étapes principales................. 143

        VI.2.1. Repréciser la vision de l'établissement public.. 144

        VI.2.2. Établir le référentiel du diagnostic stratégique.. 145

        VI.2.3. Réaliser le diagnostic stratégique. 145

            A. Le diagnostic interne. 145

            B. Le diagnostic externe. 146

        VI.2.4. Préparer le document des orientations générales d'un Plan de Management Stratégique .. 148

        VI.2.5. Élaborer des textes d'encadrement des comportements et des outils de contrôle et de pilotage de la performance.. 148

        VI.2.6. Livrables attendus....................................... 149

    A. Le Business Plan Stratégique sur 5 ans..........150

    B. Le manuel des procédures administratives 151

    C. Le manuel des procédures budgétaires, comptables et financières..151

    D. Le manuel des procédures de gestion du patrimoine. 152

    E. Le manuel des procédures de gestion des ressources humaines...152

    F. Le manuel des procédures du centre de production des biens et services. 153

    G. Le manuel des procédures des activités marketing et de relation publique. 153

    H. Key Performance Indicator and monitoring model (tableau de bord de mesure et de suivi de la performance)..154

    I. Le Plan Général des formations........................154

  VI.4. Conclusion et propositions aux Conseils d'Administration..156

Conclusion générale..159

Bibliographie 165

  Ouvrages 165

  Articles...168

  Revues..168

  Cours magistraux ou exposés.................................169

  Mémoires et thèses...169

  Rapports 169

LE CAMEROUN
AUX ÉDITIONS L'HARMATTAN

Dernières parutions

LA TRAGÉDIE DU PEUPLE FANG
Essai d'anthropologie sociale africaine
Moane Eya
Après plusieurs décennies de pleurs, d'angoisses et de souffrances, le peuple fang doit sécher ses larmes et travailler avec courage, persévérance et espoir afin de briser le mythe de l'obscurantisme dans lequel il est plongé. L'auteur, chercheur, défenseur et gardien de l'authenticité culturelle fang, caresse un espoir : voir les fils et filles fang chanter et danser à l'unisson au rythme profond d'un peuple reconstitué. Après diagnostic, il prescrit un ensemble de thérapies non exhaustives à la misère qui sévit chez les Fangs aujourd'hui.
(Harmattan Cameroun, 17.50 euros, 160 p.)
ISBN : 978-2-343-12023-2, ISBN EBOOK : 978-2-14-004119-8

TRAJECTOIRES DES FEMMES AU CAMEROUN
Entre complexe du masculin et contestation de l'ordre des apparences
Mbede Raymond - Sous la coordination de Raymond Mbede
Ces contributions reproblématisent les représentations culturelles sur les trajectoires des femmes camerounaises à travers leurs stratégies personnelle, locale, sectorielle ou collective autour de deux notions clés : le complexe du masculin et la contestation de l'ordre des apparences. Quels que soient les points de vue abordés, il se dégage de l'ensemble des changements notables en ce qui concerne les trajectoires des femmes au Cameroun. Ces trajectoires combinent à la fois assignation, engagement, innovation et authenticité.
(Coll. Emergences africaines, 26.50 euros, 266 p.)
ISBN : 978-2-343-11713-3, ISBN EBOOK : 978-2-14-004337-6

LE CAMEROUN ET LA GRANDE GUERRE (1914-1916)
Cameroon and the Great War (1914-1916)
Commission camerounaise d'histoire militaire
Préface de Joseph Beti Assomo
Le déclenchement rapide des hostilités, au-delà des causes immédiates connues de la guerre, pourrait faire penser que le Cameroun était l'un des enjeux majeurs de la Grande Guerre hors des frontières européennes. Il est donc indiqué que ce pays, qui porte à jamais les marques indélébiles de cette guerre en Afrique, ne

reste pas historiquement passif au moment où les débats à travers le monde sur son histoire ont lieu à l'occasion de la célébration du centenaire de cet évènement.
(Harmattan Cameroun, 42.00 euros, 450 p.)
ISBN : 978-2-343-11769-0, ISBN EBOOK : 978-2-14-004068-9

PROBLÉMATIQUES AUTOUR DE L'ÉMERGENCE NUMÉRIQUE DU CAMEROUN À L'HORIZON 2025
Mouté Guillaume Paul
Le Cameroun a fixé l'horizon 2035 comme date butoir pour son émergence globale. Après coup, il a donné à penser que le développement de son économie numérique était érigé en priorité de premier ordre, sans toutefois avoir élaboré sa politique qui indiquerait la vision censée baliser les étapes de sa mise en œuvre, les objectifs à atteindre ainsi que les diverses sources de financement.
(Coll. Études africaines, 22.50 euros, 224 p.)
ISBN : 978-2-343-10868-1, ISBN EBOOK : 978-2-14-003938-6

DROIT DU CONTENTIEUX FISCAL CAMEROUNAIS
(nouvelle édition)
Ateck A Djam Félix
Le principal mérite de cette nouvelle édition, dont la première datant de 2009 reste une référence dans la littérature fiscale camerounaise, est de prendre en compte toutes les évolutions portant sur les modifications des textes relatifs aux procédures fiscales contentieuses et sur la mise en place effective des tribunaux administratifs. L'autre mérite est d'apporter des clarifications utiles sur les procédures d'assiette et de contrôle des impôts, dont le non-respect est la principale cause des contestations des impositions.
(Coll. Finances publiques, 35.00 euros, 426 p.)
ISBN : 978-2-343-11322-7, ISBN EBOOK : 978-2-14-004061-0

LES GRANDES DÉCISIONS ANNOTÉES DE LA JURIDICTION ADMINISTRATIVE DU CAMEROUN (1ʳᵉ édition 2017)
Keutcha Tchapnga Célestin - Préface de Léopold Donfack Sokeng
La juridiction administrative du Cameroun a connu ces 20 dernières années des « éclats de lumière » aux niveaux structurel, procédural puis de la protection des droits et des libertés fondamentaux, même s'il reste un ensemble « d'ombres ». Le foisonnement des solutions qu'elle a eu à apporter aux nombreuses demandes a rendu indispensable la réalisation de ce recueil, clair et précis, extrêmement riche sur les plans théorique puis pratique et qui revisite plusieurs concepts fondamentaux du droit public national.
(Harmattan Cameroun, 55.00 euros, 734 p.)
ISBN : 978-2-343-12227-4, ISBN EBOOK : 978-2-14-003982-9

KARL RAIMUND POPPER (Volume 2)
Une épistémologie sans visage et sans rivage
Analyses perspectivistes
Cahiers épistémo-logiques 5, 17Nguimbi Marcel
Ce deuxième volume se concentre sur un ensemble d'analyses perspectivistes autour de cette épistémologie sans visage et sans rivage de K.R. Popper : on

scrute, sur la base de l'existant, ce qui peut permettre de comprendre le «non-dit» de Popper, cette ouverture indéfinie de la méthodologie à la métaphysique.
(33.00 euros, 324 p.)
ISBN : 978-2-343-12122-2, ISBN EBOOK : 978-2-14-003879-2

ECO-AUTOPSY OF THE LAKE NYOS DISASTER IN CAMEROON
30 years after calamity
Ajeagah Gideon Aghaindum
The Nyos disaster is a terriic and unprecedented environmental tragedy that took in 1986.This is a synopsis of highly specialized scientific research, information in newspapers, documents and articles in specialized media, information from the radio, the television or oral literature from concerned scientists, anthropologists, sociologists or victims that are directly linked to this geo-hazards that killed thousands in Nyos.
(Harmattan Cameroun, 16.50 euros, 148 p.)
ISBN : 978-2-343-12224-3, ISBN EBOOK : 978-2-14-003971-3

WATER AS A WEAPON OF INTERNATIONAL CONFRONTATIONS
Ajeagah Gideon Aghaindum
«More than over land or oil, it is over water that the bitterest conlicts of the near future may be fought.» The thoughts on the unconditionality of water for future life survival are carefully exploited in this book, that gives a clear picture on national and international water battles, with clear examples and sustainable strategies in order to overcome this human upheaval.
(Harmattan Cameroun, 22.50 euros, 220 p.)
ISBN : 978-2-343-12209-0, ISBN EBOOK : 978-2-14-003961-4

LA GOUVERNANCE CLIMATIQUE AU CAMEROUN
Sociologie d'une action publique internationale en contexte africain
Kede Eugène Yves - Préface de Nadine Machikou
La multiplication des événements climatiques extrêmes (sécheresses, inondations) du fait de la hausse de la température mondiale a conduit les États de la planète à mettre la question du changement climatique sur leur agenda politique. Le Cameroun ne fait pas exception. Traiter de la gouvernance climatique au Cameroun conduit nécessairement à analyser comment se construit l'action publique de lutte contre le changement climatique au Cameroun. Elle apparaît comme une configuration d'action publique multiniveaux.
(Coll. Études africaines, 22.50 euros, 222 p.)
ISBN : 978-2-343-10414-0, ISBN EBOOK : 978-2-14-003630-9

LA CRISE DES RESSOURCES HUMAINES ET L'ÉCHEC DES POLITIQUES PUBLIQUES AU CAMEROUN
Vers la construction d'une administration moderne
Nga Efouba Sosthène
Cet ouvrage cherche à comprendre les raisons de l'échec des politiques publiques au Cameroun au regard des efforts déployés par la République en termes de dépenses colossales englouties pour répondre aux besoins de plus en plus nombreux des populations. Il est au cœur de cette réflexion qui place la crise

des ressources humaines au centre de cette problématique en cherchant à savoir : quelles sont les origines de cette crise ? Quelles en sont les manifestations et les conséquences ? Et comment la résoudre ?
(Harmattan Cameroun, 29.00 euros, 290 p.)
ISBN : 978-2-343-11458-3, ISBN EBOOK : 978-2-14-003789-4

LES ENFANTS DE LA RUE AU CAMEROUN
Itinérance, histoire et histoires de vie
Nzhie Engono Jean, Nana Njiki Estelle Marline
Dans l'imagerie populaire, les enfants de la rue au Cameroun sont perçus comme les naufragés d'un système social et les victimes désignées d'une société qui les éjecte. Les recherches menées sur le terrain, étayées par les histoires de vie recueillies par les auteurs, montrent bien plus qu'au départ, c'est la rue qui attire en elle-même ces enfants ; elle les enferme ensuite et les retient une fois dedans.
(Harmattan Cameroun, 25.00 euros, 246 p.)
ISBN : 978-2-343-11794-2, ISBN EBOOK : 978-2-14-003772-6

LA RENAISSANCE DE LA CHEFFERIE MILOMBÈ DU NORD MAKOMBÉ DANS LE LITTORAL CAMEROUNAIS
(XIXe s. - 2015) – Une contribution historique à la connaissance des peuples du Cameroun
Signié Christophe - Préface du Pr Hugues Mouckaga
Retracer l'histoire d'une chefferie disparue il y a 40 ans est une véritable gageure pour l'historien. La chefferie de Milombè fait partie des cantons du Nord du Nkam dans la région du littoral camerounais et appartient à l'aire socioculturelle sawa. L'ouvrage analyse la structure politique de la chefferie Milombè, son organisation économique et sociale, sa vie culturelle, ses rapports avec les chefferies attenantes.
(Coll. Émergences africaines, 19.00 euros, 178 p.)
ISBN : 978-2-343-12090-4, ISBN EBOOK : 978-2-14-003708-5

LA GARANTIE DES DROITS FONDAMENTAUX AU CAMEROUN
Jeugue Doungue Martial - Préface du Docteur Mahouve Michel
Les droits fondamentaux, l'État de droit et la démocratie sont à l'ordre du jour. Ils sont partout dans le monde, dans les organisations internationales et dans chacun de nos pays. Au Cameroun, les droits fondamentaux resteront des «concepts illusoires et décoratifs» tant que les populations ne s'en approprieront pas l'esprit et ne les intégreront pas dans les pratiques quotidiennes. Cet ouvrage est essentiel pour comprendre les enjeux autour de ces droits au Cameroun.
(Coll. Études africaines, 20.50 euros, 202 p.)
ISBN : 978-2-343-11513-9, ISBN EBOOK : 978-2-14-003598-2

Structures éditoriales du groupe L'Harmattan

L'Harmattan Italie
Via degli Artisti, 15
10124 Torino
harmattan.italia@gmail.com

L'Harmattan Hongrie
Kossuth l. u. 14-16.
1053 Budapest
harmattan@harmattan.hu

L'Harmattan Sénégal
10 VDN en face Mermoz
BP 45034 Dakar-Fann
senharmattan@gmail.com

L'Harmattan Mali
Sirakoro-Meguetana V31
Bamako
syllaka@yahoo.fr

L'Harmattan Cameroun
TSINGA/FECAFOOT
BP 11486 Yaoundé
inkoukam@gmail.com

L'Harmattan Togo
Djidjole – Lomé
Maison Amela
face EPP BATOME
ddamela@aol.com

L'Harmattan Burkina Faso
Achille Somé – tengnule@hotmail.fr

L'Harmattan Côte d'Ivoire
Résidence Karl – Cité des Arts
Abidjan-Cocody
03 BP 1588 Abidjan
espace_harmattan.ci@hotmail.fr

L'Harmattan Guinée
Almamya, rue KA 028 OKB Agency
BP 3470 Conakry
harmattanguinee@yahoo.fr

L'Harmattan Algérie
22, rue Moulay-Mohamed
31000 Oran
info2@harmattan-algerie.com

L'Harmattan RDC
185, avenue Nyangwe
Commune de Lingwala – Kinshasa
matangilamusadila@yahoo.fr

L'Harmattan Maroc
5, rue Ferrane-Kouicha, Talaâ-Elkbira
Chrableyine, Fès-Médine
30000 Fès
harmattan.maroc@gmail.com

L'Harmattan Congo
67, boulevard Denis-Sassou-N'Guesso
BP 2874 Brazzaville
harmattan.congo@yahoo.fr

Nos librairies en France

Librairie internationale
16, rue des Écoles – 75005 Paris
librairie.internationale@harmattan.fr
01 40 46 79 11
www.librairieharmattan.com

Lib. sciences humaines & histoire
21, rue des Écoles – 75005 Paris
librairie.sh@harmattan.fr
01 46 34 13 71
www.librairieharmattansh.com

Librairie l'Espace Harmattan
21 bis, rue des Écoles – 75005 Paris
librairie.espace@harmattan.fr
01 43 29 49 42

Lib. Méditerranée & Moyen-Orient
7, rue des Carmes – 75005 Paris
librairie.mediterranee@harmattan.fr
01 43 29 71 15

Librairie Le Lucernaire
53, rue Notre-Dame-des-Champs – 75006 Paris
librairie@lucernaire.fr
01 42 22 67 13